**Bründel
Tatort Schule**

SCHULMANAGEMENT konkret
BAND 16

Heidrun Bründel
Tatort Schule
Gewaltprävention und Krisenmanagement an Schulen

LinkLuchterhand

Bibliografische Information Der Deutschen Bibliothek
Die Deutsche Bibliothek verzeichnet diese Publikation in der Deutschen
Nationalbibliografie; detaillierte bibliografische Daten sind im Internet
über **http://dnb.ddb.de** abrufbar.

978-3-472-07612-4

www.wolterskluwer.de
www.schulleitung.de

Alle Rechte vorbehalten.
LinkLuchterhand – eine Marke von Wolters Kluwer Deutschland GmbH.
© 2009 Wolters Kluwer Deutschland GmbH, Köln.

Das Werk einschließlich aller seiner Teile ist urheberrechtlich geschützt.
Jede Verwertung außerhalb der engen Grenzen des Urheberrechts-
gesetzes ist ohne Zustimmung des Verlages unzulässig und strafbar.
Das gilt insbesondere für Vervielfältigungen, Übersetzungen,
Mikroverfilmungen und die Einspeicherung und Verarbeitung in
elektronischen Systemen.

Die jeweiligen Rechteinhaber sind unter den einzelnen Quellen vermerkt.
Sollte es uns trotz intensiver Recherche nicht gelungen sein, alle Rechteinhaber der verwendeten Quellen gefunden zu haben, bitten wir um
kurze Nachricht an die Redaktion.

Umschlag: futurweiss kommunikationen, Wiesbaden
Coverfoto: Renson Fotodesign, Wiesbaden
Satz: Satz-Offizin Hümmer, Waldbüttelbrunn
Druck und Verarbeitung: Wilhelm & Adam, Heusenstamm
∞ Gedruckt auf säurefreiem, alterungsbeständigem
und chlorfreiem Papier.

Inhalt

Inhalt	5
Zum Start	
Das Thema: Schule und Gewalt	7
Neue Formen der Gewalt	7
Schule ist Teil der Gesellschaft	8
Die Zielsetzung des Buches	9
Die Adressaten des Buches	9
Der Aufbau des Buches	10
Die Quick-Tour: Falls Sie es eilig haben	12
1. Gewalt hat viele Gesichter	
Gewalt in Schulen – eine Bestandsaufnahme	13
Gewaltprävention, Intervention und Postvention	16
2. Ein erster Schritt in der Gewaltprävention: Für eine »Erziehende Schule«	
Werteerziehung und Erziehungsvereinbarungen	22
Motivation und Handlungssteuerung	27
Die Trainingsraum-Methode	29
3. Ein zweiter Schritt in der Gewaltprävention: Für eine »Erziehungspartnerschaft«	
Das System Eltern-, Schüler-, Lehrerschaft	33
Optimierung der Elternarbeit	37
Elterntrainings und Netzwerkaktivitäten	42
4. Ein dritter Schritt in der Gewaltprävention: Für eine »Anti-Mobbingkultur«	
Mobbing im Kollegium – ein verschwiegenes Problem	47
Mobbing unter Schülern – ein subtil funktionierendes System	51
5. Ein vierter Schritt in der Gewaltprävention: Für eine Konfliktkultur an Schulen	
Peer-Mediation	58
Täter-Opfer-Ausgleich	64
Schulschiedsstellen	65

6. Ein fünfter Schritt in der Gewaltprävention: Für eine Stärkung der psychischen Gesundheit

Suizid von Jugendlichen – ein Tabu in Schulen ... 69
Sensibilisierung des Kollegiums für das Thema ›Suizid und Schule‹ ... 72
Stärkung der Persönlichkeit als Bollwerk gegen Suizidgefährdung ... 75
Maßnahmen nach einem Schülersuizid ... 79

7. Ein sechster Schritt in der Gewaltprävention: Für ein »soziales Frühwarnsystem«

Amok oder School Shooting – Wenn das Unfassbare geschieht ... 83
Krisenteam und Kriseneinsatz ... 89
Einschätzung einer Gefahrensituation ... 97
Verhinderung von Trittbrettfahrern und Nachahmungstätern ... 99
Ein Abschiedsbrief ... 100
Konsequenzen aus den bisherigen School Shootings ... 105

8. Ein umfassender Schritt in der Gewaltprävention: Für eine notfallpsychologische Versorgung aller Schulen

Notfallpläne der Bundesländer ... 110
Bildung von Krisenteams als präventive Maßnahme ... 119
Schulpsychologen als Notfallhelfer ... 121

Literatur ... 124

Zur Autorin ... 130

Bedeutung der Symbole

 Achtung!

 Beispiel

 Stolperstein, Vorsicht

 Zusammenfassung

 Weiterführendes, Tipps

Quicktour

In den betreffenden Kapiteln sind die Abschnitte in der linken bzw. rechten oberen Ecke markiert.

Zum Start

- Das Thema: Schule und Gewalt
- Zielsetzung des Buches
- Die Adressaten des Buches
- Der Aufbau des Buches

Das Thema: Schule und Gewalt

Die Frage, was Schule mit Gewalt zu tun hat, erübrigt sich, wenn man an den Amoklauf von Winnenden im März 2009 denkt, bei dem 16 Menschen starben, einschließlich des Täters. Der Vorfall hat unendlichen Schmerz und tiefe Trauer über viele Familien, Angehörige, Verwandte, Freunde gebracht. Bilden Schule und Gewalt eine unheilvolle Allianz? Winnenden ist kein Einzelfall. Zuvor gab es in Deutschland ähnlich spektakuläre Amokläufe u. a. in Emsdetten (2006), Coburg (2003), Erfurt (2002), Freising (2002), Brannenburg (2000), Meißen (1999), wo ebenfalls junge oder ehemalige Schüler ein Blutbad unter Lehrern, Schülern, Schul- oder Heimleitern anrichteten. Zurück bleiben das Entsetzen und unbeantwortete Fragen, wie das alles geschehen konnte. Woher hatten die Amokläufer die Waffen? Wie konnte es dazu kommen, dass sie so leichten Zugang dazu hatten? Wer lehrte sie schießen oder ließ es zu, dass sie zu Waffennarren heranwuchsen? Womit beschäftigten sich die Gewalttäter in ihrer Freizeit? Waren die gewalthaltigen Computerspiele den Eltern bekannt? Warum bemerkten sie nicht, dass sich ihre Kinder immer mehr zurückgezogen und ihr Leben in ihrer Phantasiewelt gelebt haben?

Neue Formen der Gewalt

Es gibt Ausprägungen physischer Gewalt an Schulen, die es so vor Jahren noch nicht gegeben hat: das »Happy Slapping«, eine Gewaltform unter Schülern, die das Filmen von brutalen Prügeleien, sexuellen Übergriffen und Vergewaltigungen mit Kameras von Mobiltelefonen beinhaltet. Die Aufnahmen werden per Handy zur Belustigung der Täter oder zur Beschämung der Opfer weitergereicht und einer größeren Öffentlichkeit zugänglich gemacht. Dies alles weist auch in Zusammenhang mit dem Gebrauch neuer Medien auf eine Verrohung der Umgangsformen hin, der mit aller Entschiedenheit entgegengetreten werden muss.

Jede spektakuläre Gewalttat rückt die Schule in den Mittelpunkt politischer und wissenschaftlicher Betrachtungen, beschäftigt Pädagogen, Psychologen, Lehrkräfte und Schulleitungen aller Schulformen immer wieder aufs Neue und lässt die Öffentlichkeit daran zweifeln, ob Schule noch ein sicherer Raum für Lehrer und Schüler sein kann.

Schule – so lauten die Forderungen – darf nicht zum Tatort von Gewalt werden, darf Gewalt in ihren Räumen nicht dulden, sondern muss gewaltpräventiv tätig werden und gleichzeitig auf Gewalt vorbereitet sein, um darauf professionell reagieren zu können. Dieser Anspruch ist sehr hoch, daher brauchen Schulen sachliche, finanzielle, materielle und vor allem ideelle und psychologische Unterstützung, um ihm gerecht werden zu können.

Schule ist Teil der Gesellschaft

Häufig wird übersehen, dass die Institution Schule Teil der Gesellschaft ist und sich somit in ihr auch alle Gewaltformen widerspiegeln, die in der Gesellschaft vorkommen, angefangen von Respektlosigkeit über verbale, psychische, physische und geschlechterfeindliche Gewalt bis hin zu Mord, Morddrohungen und Totschlag. Gewalt wird u. a. von außen in die Schule hineingetragen. So ist z. B. erwiesen, dass der Erziehungsstil innerhalb der Familie prägend ist für das Sozialverhalten von Kindern und Jugendlichen. Innerfamiliäre Gewalterfahrungen lassen das Risiko für eigene Gewaltausübung beträchtlich steigen. Je ausgeprägter das Ausmaß elterlicher Gewalt, desto höher die Wahrscheinlichkeit für eigene Gewalttaten. Neben der Familie spielen Freundesnetzwerke eine weitere große Rolle. Auch die Anzahl delinquenter Freunde, mit denen der Jugendliche Umgang hat, erhöht die Wahrscheinlichkeit, selbst gewalttätig zu werden. Der Einfluss der Peer-group auf den Einzelnen ist besonders im Jugendalter stark, dabei spielen das Gefühl, dazugehören zu wollen, Imponiergehabe und die Aussicht, sich durch delinquente Handlungen Positionen innerhalb der Gruppe zu erobern, eine motivierende Rolle. Alkohol- und Drogenkonsum sind ebenfalls ursächliche Faktoren für Gewalthandlungen. Auch der negative Einfluss von Mediengewalt – exzessives Anschauen von Horrorfilmen und Spielen von gewalthaltigen Computerspielen – erhöht die Gewaltbereitschaft.

Das heißt nun aber nicht, dass Gewalt in der Schule hinzunehmen wäre. Im Gegenteil, es muss alles nur erdenklich Mögliche getan werden, um der Gewalt entgegenzuwirken, und das heißt präventiv handeln und adäquat auf jedwede Gewaltform reagieren. Es gibt keine Alternative zur Gewaltprävention und Gewaltintervention.

Gewalt wird allerdings auch von der Schule selbst produziert. Das wird häufig von denen, die in der Schule arbeiten, nicht so stark gesehen und ist doch von großer Bedeutung, wenn es um die Prävention von Gewalt geht.

Die Zielsetzung des Buches

Es geht in diesem Buch darum, bei den Lesern ein Gespür für die vorherrschenden Gewaltformen zu entwickeln und sie zu befähigen, professionell im Sinne der Prävention und Krisenintervention zu handeln. Schule darf Gewalt nicht als ein hinzunehmendes Übel ansehen, sondern muss ihr tatkräftig entgegenwirken. Schule ist zwar ein Ort, an dem Gewalt sehr häufig ausgeübt wird, aber auch ein Ort, an dem der Gewalt begegnet werden kann, und zwar im Sinne der Prävention, Intervention und Postvention. Voraussetzung ist zum einen die selbstkritische Reflexion der Eigenanteile bei der Entstehung der Gewalt und zum anderen die Bereitschaft, entschlossen zu handeln und der Gewalt Einhalt zu gebieten. Es werden konkrete Handlungsmöglichkeiten aufgezeigt, die sowohl Lehrer[1] als auch Schüler stärken und befähigen, respektvoll miteinander umzugehen und in verschiedenen Konflikt- und Krisensituationen auf Gewalt angemessen zu reagieren.

Die Adressaten des Buches

Adressaten sind vor allem Lehrer, die oftmals am heftigsten von Schülergewalt betroffen sind, aber auch Schulleitungen, die in besonderer Verantwortung für die Schulkultur und das Außenbild ihrer Schule stehen. Sie haben für ihr Kollegium Vorbildcharakter, haben Leitungs- und Führungsaufgaben inne und repräsentieren ihre Schule nach außen. Je mehr sie sich für ein gewaltfreies und friedliches Miteinander sowohl

---

[1] Im Folgenden wird bei allen männlichen Formen, ob Lehrer, Schüler, Schulpsychologe oder Sozialpädagoge, zugunsten der besseren Lesbarkeit jeweils auf die weibliche Form verzichtet, aber es ist selbstverständlich, dass immer auch die weiblichen Personen mit gemeint sind.

der Kollegen- als auch der Schülerschaft einsetzen, desto besser ist das Schulklima. Ihr Einfluss auf die qualitative Arbeit, speziell die Unterrichtstätigkeit der Lehrkräfte und deren Engagement, ist groß und hängt stark von ihrer Persönlichkeit und ihren Führungsqualitäten ab.

Aber es sind auch Eltern angesprochen, die wissen möchten, was sie tun können, damit ihre Kinder eine ungefährdete und zufriedene Schullaufbahn einschlagen können. Eltern sollen ermutigt werden, sich mehr als bisher zu engagieren und eine effektive Elternarbeit im Sinne der Gewaltprävention anzustreben.

Ebenfalls angesprochen sind Schulpsychologen und Sozialpädagogen, deren Aufgabe es u. a. ist, Schulen bei der Gewaltprävention zu unterstützen und gemeinsam Handlungsrezepte für den Schulalltag zu entwickeln, die helfen, mit Gewalt- und Krisensituationen professionell umzugehen. Die Erfahrung zeigt, wie hilflos Schulen angesichts von Krisen sind und wie willkommen dann die fachliche Unterstützung von Schulpsychologen und externen Helfern ist.

Adressaten sind auch Schulverwaltungskräfte in Schulämtern, Bezirksregierungen und Schulministerien, die daran arbeiten, den Handlungsspielraum von Schulen zu erweitern und Schulen darin zu unterstützen, mit schwierigen Situationen und Notfällen fertig zu werden.

Der Aufbau des Buches

Die acht Kapitel stellen Schritte auf dem Weg zu einer Gewaltprävention in Schulen dar. Jedes Vorhaben, jedes Projekt beginnt mit einem ersten Schritt, auf den weitere Schritte folgen. Schulen sollten sie jedoch nicht zeitlich nacheinander gehen, sondern je nach Situation und Anlass Prioritäten setzen, mit dem Fernziel, zu einem späteren Zeitpunkt alle Schritte vollzogen zu haben.

In diesem Buch wird zunächst über Gewalt an Schulen informiert, darüber, was Schule überhaupt mit Gewalt zu tun hat, welche Gewaltformen es gibt, in welchem Ausmaß sie vorkommen und was sie für Lehrer und Schüler bedeuten. Es wird die grundlegende Aufgabe der Schule dargestellt, für die Gesundheit ihrer Beschäftigten zu sorgen. Dies kann präventiv, allerdings auch interventiv und postventiv geschehen, indem Schule vorbeugt und vorsorgt, eingreift und gezielt handelt sowie nachsorgend tätig ist (Kapitel 1).

Gewaltprävention gelingt am besten mit der Zielsetzung einer »Erziehenden Schule«, einer Schule, die sich für eine Werteerziehung stark macht. Am Beispiel der »Trainingsraum-Methode«, einem strukturierten, effektiven und bei Lehrern und Eltern sehr beliebten Programm wird dargestellt, wie Respektlosigkeit im Unterricht – als Vorform der Gewalt – reduziert und das Recht von Lehrern und Schülern auf weitgehend störungsfreien Unterricht verwirklicht werden kann (Kapitel 2).

Schule ohne die Mitarbeit und das Engagement der Elternschaft ist nicht denkbar. Die Bedeutung einer »Erziehungspartnerschaft« wird unterstrichen, das System Eltern-, Schüler- und Lehrerschaft mit all seinen Kontaktbarrieren dargestellt. Optimierungsvorschläge für eine reibungslose Kommunikation und Zusammenarbeit zwischen Eltern und Schule runden das Kapitel ab (Kapitel 3).

Da Mobbing und Konflikte sowohl im Lehrerkollegium als auch unter Schülern stark verbreitet sind, werden diesen Themen Kapitel 4 und 5 gewidmet. Es gilt, in Schulen eine »Anti-Mobbing-Kultur« (Kapitel 4) sowie eine »Konfliktkultur« (Kapitel 5) zu schaffen. Wie diese Ziele erreicht werden können, wird im Einzelnen ausführlich geschildert, wobei auf bestehende Programme hingewiesen wird und Strategien und konkrete Tipps für deren Durchführung gegeben werden.

Die beiden nächsten Kapitel behandeln die Prävention von Gewalt sowie die Intervention und Postvention bei Krisen. Als Beispiel wird das Suizid- und Amokgeschehen (School Shootings) herausgegriffen. Was in diesen Notfällen getan werden muss, um den Schockzustand zu überwinden, und wie auf bewährte Handlungskonzepte zurückgegriffen werden kann, zeigen Kapitel 6 und Kapitel 7.

Abschließend werden beispielhaft einige der vor Jahren oder auch erst kürzlich herausgebrachten Notfallpläne der Bundesländer, die Handlungspläne für Schulleitungen aller Schulformen in Krisen- und Notfallsituationen bereitstellen, vorgestellt und jeweilige Schwerpunktsetzungen herausgearbeitet (Kapitel 8).

Zur besseren Orientierung werden grundlegende Informationen und Erläuterungen mit (❗) gekennzeichnet. Nützliche Hinweise und Empfehlungen für die praktische Umsetzung sind an dem Zeichen (★) und Weiterführendes an (»») zu erkennen. Weitere Textmarkierungen sind:

    👁 = Stolperstein
    ⊜ = Zusammenfassung

Die Quick-Tour: Falls Sie es eilig haben

Mitunter werden Sie an einer raschen, gezielten Lektüre interessiert sein, passend zu Ihrer aktuellen Situation. Die folgende Übersicht hilft Ihnen dabei.

- Gewalt in der Schule – eine Bestandsaufnahme: Kapitel 1
- Die Trainingsraum-Methode: Kapitel 2
- Optimierung der Elternarbeit: Kapitel 3
- Mobbing im Kollegium: Kapitel 4
- Schulschiedsstellen: Kapitel 5
- Suizid und Schule: Kapitel 6
- Amok oder School Shootings: Kapitel 7
- Notfallplanordner der Bundesländer: Kapitel 8

1. Gewalt hat viele Gesichter

- Die Gewalt in Schulen – eine Bestandsaufnahme
- Gewaltprävention, Intervention und Postvention

Gewalt in Schulen – eine Bestandsaufnahme

Unter Gewalt wird eine gegen ein Objekt oder ein Subjekt gerichtete schädigende Handlung verstanden, egal, ob es sich um einen physischen, psychischen oder verbalen Akt handelt. Der Begriff Gewalt hat sich sowohl für die Ausübung individueller und kollektiver Gewalt als auch für die Bezeichnung öffentlicher oder institutioneller Macht durchgesetzt. Mit individueller Gewalt sind diejenigen Gewaltformen gemeint, bei denen einzelne Personen Gewalt gegen sich selbst (Suizid) oder gegen andere anwenden, mit kollektiver Gewalt werden alle Handlungen bezeichnet, die von mehreren gegen einzelne Personen oder auch Personengruppen gerichtet sind. Darunter fallen in der Schule auch Unterrichtsstörungen, die wegen ihrer Respektlosigkeit gegenüber Lehrern und Schülern hier als Gewalt bezeichnet werden.

Hat die Gewalt in Schulen zugenommen?

Es taucht immer wieder die Frage auf, ob Gewalt in Schulen in den letzten Jahren zugenommen habe. Die Schwierigkeit, diese Frage zu beantworten, liegt darin, dass objektive Maßstäbe dafür fehlen, wann eine Handlung als Gewalt empfunden wird. Letzteres hängt von den persönlichen Empfindungen des Einzelnen ab sowie von der Interpretation der Situation. Unstrittig ist, dass es nach Einschätzung vieler Lehrkräfte und Eltern einen »gefühlten« Anstieg der Gewalt in Schulen gibt. Die zahlreichen Studien, die es zur Gewaltproblematik in Schulen gibt, sprechen allerdings eine andere Sprache. Auch wenn sie sehr unterschiedlich angelegt sind, kommen sie doch übereinstimmend zu dem Ergebnis, dass die Mehrzahl der Schüler weder in der einen noch in der anderen Gewaltform in der Schule gewalttätig ist (Hurrelmann und Bründel 2007).

Die jüngste große Studie stammt aus dem Jahr 2009 und beruht auf 44.610 Schülerbefragungen (Baier, Pfeiffer, Simonson und Rabold 2009). Die Schüler waren im Durchschnitt 15 Jahre alt. Mehr als drei

Viertel von ihnen hatten in den letzten zwölf Monaten persönlich keine Gewalt erlebt. Diejenigen, die Gewalt zu ihrem Erfahrungsbereich zählten, gaben eher einfache (geschlagen und getreten werden) als schwere Körperverletzungen (Fausthiebe) an, auch Raub und Erpressung wurden nur von ganz wenigen erwähnt. Insgesamt ist der Gewalttäteranteil von Jungen weit höher als der von Mädchen. Dies betrifft alle physischen und psychischen Gewalttaten, mit Ausnahme des Hänselns und Ignorierens. Das gegenseitige Hänseln wird von Jungen und Mädchen fast gleich häufig angegeben, allerdings berichten Mädchen häufiger als Jungen, nicht beachtet und ignoriert zu werden. Auch das Zerstören von Eigentum ist eher eine Domäne der Jungen.

Die häufigste Übergriffsform, die Schüler in der Schule erleben, ist Hänseln, Gemobbt- und Nichtbeachtetwerden durch Mitschüler. Dazu gehört auch, von Lehrern lächerlich gemacht oder nicht respektvoll behandelt zu werden. Bestürzend ist dabei die Tatsache, dass sich nur ein Drittel der Schüler, die gemobbt werden, der Schulleitung bzw. der Lehrkraft anvertrauen, zeigt doch die Untersuchung auch, dass ein beherztes Eingreifen vonseiten der Lehrkräfte das Risiko von Mobbing vermindert. Hier ist ein deutlicher Hinweis auf die Wirksamkeit präventiver und interventiver Maßnahmen gegeben.

Die Studie bestätigt frühere Forschungsergebnisse, wonach Gymnasiasten bei allen Gewaltakten mit Ausnahme des Mobbings am wenigsten beteiligt sind, dagegen Haupt- und Förderschüler am häufigsten. Dies bezieht sich sowohl auf schulisches Gewalthandeln als auch auf außerschulisches. Beim Mobbing stehen die Gymnasialschüler den Schülern anderer Schulformen in nichts nach, d. h. dass es in Gymnasien, Förder-, Haupt-, Real- und Gesamtschulen gleich hoch ist. Nur eine Minderheit gibt an, von Lehrern geschlagen worden zu sein. Das Risiko dafür ist allerdings für Jungen höher als für Mädchen.

Zusammenfassend kann gesagt werden, dass von einer Zunahme der Gewalt in Schulen nicht gesprochen werden kann. Die spektakulären Amokläufe in Deutschland sind Einzelfälle und kein Indiz für eine zunehmende Verbreitung von Gewalt an Schulen, auch wenn sie unermessliches Leid über viele Familien gebracht haben und eine Kulmination von Gewaltformen in der Schule darstellen.

Die Auswirkungen der Gewalt auf Lehrer und Schüler

Gewalt ist nicht gleich Gewalt. Wo fängt Gewalt an? Was wird als Gewalt erlebt? Die scheinbar harmlosen, jedoch alltäglichen Gewalttätigkeiten, die häufige Respektlosigkeit von Schülern ihren Lehrern gegenüber, das Erleiden verbaler Attacken, die Notwendigkeit ständiger Ermahnungen, die Zerstörung von Schul- oder persönlichem Eigentum, das hilflose Mitansehen von Streitigkeiten der Schüler untereinander in Verbindung mit eigenen Ohnmachtgefühlen, das alles wird von Lehrkräften als Gewalt erlebt und kann zu mehr oder minder massiven Gesundheitsbeeinträchtigungen führen. Es sind nicht nur die extremen Gewalttaten, die Lehrer verunsichern, sondern die hunderttausend Nadelstiche im Laufe einer Schulwoche, die ihnen das Unterrichten erschweren. Viele fühlen sich daher ausgebrannt und überfordert.

Es sind nicht nur die Schüler, die ihnen so stark zusetzen, es ist auch die erlebte strukturelle und institutionelle Gewalt im Schulsystem, der sie sich nicht entziehen können. Es sind oftmals schul- und unterrichtsorganisatorische Bedingungen, die zu Handlungsdruck bei eingeschränkter Handlungsfreiheit und zu Gefühlen der eigenen Hilflosigkeit und auch Enttäuschung führen. Ein schlechtes Betriebsklima, Konkurrenz unter Kollegen, fehlende Zusammenarbeit, Mobbing im Kollegium, fehlende Führungsverantwortung der Schulleitung wirken als psychische Gewalt auf sie ein und führen letztlich zum Burnout-Syndrom.

Ähnlich geht es Schülerinnen und Schülern. Auch sie können extrem unter der strukturellen Gewalt der Institution Schule, dem Noten- und Konkurrenzdruck, sowie unter der psychischen Gewalt, speziell dem Mobbing unter Schülern, leiden. Feindseliges Handeln, absichtliches Schikanieren, Hänseln, Ausgrenzen und Demütigen von Schülern kann zu schweren Depressionen bis hin zum Suizid führen. Aber Schüler leiden auch unter den verletzenden Worten ihrer Lehrer, den zynischen, sarkastischen und ironischen Bemerkungen. »Achtung«, so schreibt Kurt Singer an die Eltern gerichtet, »Schulen können die Entwicklung Ihres Kindes gefährden« (Singer 2009), und er meint damit die Furcht, den Zwang und die Auslese, die Schulen nach wie vor hervorrufen, praktizieren und produzieren.

Gewaltprävention, Intervention und Postvention

 Schule hat u. a. die Aufgabe, die physische und psychische Gesundheit ihrer Lehrer und Schüler sowie aller in Schule Beschäftigten zu gewährleisten, zu erhalten und auch zu stärken.

Die Amokläufe von Erfurt, Emsdetten und Winnenden haben jedoch gezeigt, dass dies nicht immer möglich ist. Amokläufe, auch School Shootings genannt, sind die extremste Form der Gewaltanwendung in Schulen. Sie kommen zwar sehr selten vor, führen jedoch immer dann, wenn sie geschehen, nachdrücklich vor Augen, dass Schule ein Tatort von Gewalt sein kann und ist. Sie hinterlassen mit den vielen Toten, verletzten und traumatisierten Lehrern und Schülern tiefe Verunsicherung und große Ängste.

Es ist ein Gebot der Für- und Vorsorge, Gewalttaten in der Schule zu verhindern und sich für den Fall ihres Eintretens vorzubereiten. Für- und Vorsorge beziehen sich auf die alltägliche Arbeit in Schulen, auf Stress- und Konfliktbewältigung von Lehrern und Schülern sowie auf die Herstellung eines guten Schul- und Lernklimas.

Image, Stress und Burnout

Lehrer haben häufig ein schlechtes Image. Sie werden als »Halbtagsjobber« geschmäht, die obendrein noch mit weit mehr Ferien »gesegnet« sind als andere Berufsausübende. Die psychischen Belastungen des Schulalltags und die daraus resultierenden psychischen und physischen Beschwerden werden dabei allerdings übersehen (Schaarschmidt 2005). Unter Lehrern ist das Burnout-Syndrom stark verbreitet. Es kommt in Gefühlen der Hilflosigkeit und des Ausgelaugtseins zum Ausdruck, in Kompetenzzweifeln, Unlust, Distanzierungswünschen und kann sich bis hin zu Zynismen den Schülern und den Kollegen gegenüber steigern. Auch Depressionen und Suizidwünsche kommen nicht selten vor (Bergner 2009; Hagemann 2009). Burnout ist ein ernst zu nehmendes Problem unter Lehrern. Keine andere Berufsgruppe ist davon so stark betroffen wie die der Lehrer. Jeder zweite Lehrer fühlt sich überlastet, das ist das Ergebnis der Potsdamer Lehrerstudie, die unter der Leitung von Uwe Schaarschmidt von 2000 bis 2006 durchgeführt wurde (Schaarschmidt 2005, 2007).

Belastungen im Lehrerberuf

Viele Lehrer streben die frühzeitige Pensionierung an, weil sie sich den Anforderungen nicht mehr gewachsen fühlen, weil sie müde und ausgebrannt sind (Hagemann 2009). Ihre Belastungen haben vielfältige Gründe, die sowohl mit der Schul- und Unterrichtsstruktur, dem Stundentakt und der Verteilung der Stunden, den großen Klassenstärken, der fehlenden Anerkennung in der Öffentlichkeit bei immer mehr Anforderungen und größeren Erwartungen, dem veränderten Schülerverhalten, dem Klima im Kollegium, dem oftmals ineffektiven Schulmanagement der Schulleitung sowie der Bürokratie der Schulämter, der Regierungsdezernate und der Schul- und Kultusministerien zusammenhängen.

Schaarschmidt (2005) unterscheidet vier Typen von Lehrern, wobei vor allem der A- und der B-Typ vom Burnout-Syndrom bedroht sind, nämlich derjenige (A-Typ), der sich selbst überfordert, sich exzessiv verausgabt und sich kaum erholen kann. Seine Belastbarkeit und Zufriedenheit sind eingeschränkt. Der B-Typ dagegen zeigt ein deutlich reduziertes Engagement, hat aber ebenfalls eine geringe Erholungs- und Widerstandsfähigkeit und ist auch von Unzufriedenheit und Niedergeschlagenheit gezeichnet.

Schlussfolgerungen

Um Stress im Lehrerberuf zu reduzieren und um dem Burnout-Syndrom präventiv vorzubeugen, müssten langfristig Veränderungen in vier Aufgabenfeldern erfolgen (Schaarschmidt 2005):
1. Einflussnahme auf die Rahmenbedingungen
2. Gestaltung der Arbeitsbedingungen vor Ort
3. Verbesserte Rekrutierung und Vorbereitung des Lehrernachwuchses
4. Entwicklungsbemühungen der Lehrer selbst

Für die ersten drei Felder sind in erster Linie die Schul- und Kultus-Ministerien der Länder mit entsprechenden Rahmenrichtlinien zuständig, für den vierten die Lehrer selbst. Die wichtigste und ebenfalls von ihnen selbst zu realisierende präventive Maßnahme ist die Kompetenzentwicklung, sowohl in fachlicher als auch in erzieherischer Hinsicht. Das geht nicht ohne Eigenanstrengung und nur über die Nutzung von Fortbildungsangeboten. Auch wenn der Arbeitgeber eine Fürsorgepflicht für die Gesundheit seiner Lehrer hat, so ist doch auch jeder selbst dafür verantwortlich, alles Nötige für die Erhaltung und Förderung seiner Gesundheit zu tun. Das schließt eigene Gesundheitsvorsorge mit ein, die sich sowohl auf den Körper als auch auf die Psyche bezieht – wie gesunde Ernährung, Entspannung und Erholung. Sehr wertvoll für das Wohlbefinden sind auch Teamarbeit, Feedback-Kultur, individuelle Beratung, Coaching und Supervision.

Gewaltprävention

Viele Schulen machen sich schon auf den Weg. Sie verständigen sich in Erziehungsfragen, arbeiten vermehrt im Team, tauschen sich aus, entwickeln neue Kommunikationsstrukturen im Kollegium, suchen und formulieren Programme, die ihnen helfen, im Unterrichtsalltag mit den Schülern besser auszukommen, unterstützen Schüler, mit Konflikten friedlich umzugehen, und stimmen sich mit den Eltern ab.

In der Gewaltprävention geht es darum, ein mögliches Konfliktpotenzial unter Lehrern sowie unter Schülern, zwischen Lehrern und Schülern sowie zwischen Lehrern und Eltern auf der Basis von Anerkennung und Wertschätzung des Einzelnen zu reduzieren.

Schule als Ort des Wohlfühlens

Stress in der Schule empfinden nicht nur Lehrer, sondern auch Schüler und deren Eltern. Schule soll nicht nur ein Ort des Lernens, sondern auch des Wohlfühlens sein. Doch fühlen sich Lehrer und Schüler in der Schule wohl? Kommen Eltern gerne zu Elternsprechtagen und zu Elternabenden? Haben Schulen ein bestimmtes Profil, das dazu führt, sich stärker mit ihnen zu identifizieren? Entwickeln Schulen Programme und adaptieren sie bestehende Programme, um Antworten auf diese Fragen zu finden?

Mehr Leistungsförderung

Studien belegen übereinstimmend, dass der Gewaltanteil an Haupt- und Sonderschulen am größten ist und dass institutionelle Prozesse der sozialen Etikettierung die Gewaltentstehung begünstigen (Hurrelmann und Bründel 2007; Baier, Pfeiffer, Simonson und Rabold 2009). Die Schlussfolgerung kann also nur im Sinne der Gewaltprävention lauten, schwache und schwächste Schüler mehr zu fördern, damit die

Wahrscheinlichkeit des Übergangs in die nächst höhere Klassen- oder Leistungsstufe oder gar auf die nächst höhere Schule gesteigert wird. Solange es in Deutschland noch das dreigliedrige Schulsystem gibt, muss ein sich anbahnendes Leistungsversagen von Schülern frühzeitig erkannt und durch Intensivkurse aufgefangen werden – das bezieht sich auf alle Schulformen.

Neben der Schaffung eines guten Schul- und Lernklimas und der Förderung von Schülerleistungen geht es in der Prävention auch darum, sich weitest möglich auf das Unvorhersehbare, auf die extreme Gewalttat vorzubereiten. Schulen benötigen dafür ein Handlungsrepertoire, auf das sie in Krisen zurückgreifen können. Es ist Aufgabe eines sog. schulinternen Krisenteams, sich ein solches Repertoire in krisenfreien Zeiten zu erarbeiten. Viele Bundesländer haben mittlerweile Notfallpläne entwickelt und – wie z. B. in Nordrhein-Westfalen – an alle Schulen geschickt, damit diese sich auf den Ernstfall vorbereiten können. Sie sind für die Prävention sowie für die Intervention gedacht.

Intervention

Unter Intervention sind alle Maßnahmen zu verstehen, die in ein meist störendes, unangenehmes und unerfreuliches, jedoch manchmal auch lebensbedrohendes Geschehen eingreifen, um es direkt und schnell zu beenden. In Schule sind dies meistens Konfliktsituationen, angefangen von Unterrichtsstörungen bis hin zu Konflikten zwischen Lehrern, Schülern sowie zwischen Lehrern und Schülern. Darunter fällt z. B. das Handeln in Mobbing- und Konfliktsituationen. Jede geglückte Intervention ist zugleich auch Prävention, das zeigt sich vor allem in der Trainingsraum-Methode, die zu einer deutlichen Reduktion von Unterrichtsstörungen führt (s. Kap. 2). Bei allen Interventionen kommt es auf die konstruktive und kooperative Durchführung an, sodass die Schüler einen Gewinn an sozialer Kompetenz davon tragen.

Weiterhin fallen alle notfallpsychologischen Maßnahmen unter den Begriff der Intervention, die geeignet sind, Extremgewalttaten wie einen Amoklauf oder ein School Shooting in der Schule zu bewältigen. Hierbei kommt es auf die schnelle Beendigung der Gewalttat an, mit dem Ziel, möglichst viele Menschen vor dem Tod zu retten. Krisenintervention besteht aus umfangreichen Maßnahmen, bei denen externe Personen wie Polizei, Notfallseelsorger und Schulpsychologen unterstützend tätig sind. Im Vordergrund steht die Fürsorge, d. h. der Schutz der Bedrohten und das Sich-Kümmern um Traumatisierte, das Trösten, Zuhören, und Begleiten während der Krise. Dazu geben die Notfallplanordner eine wertvolle Hilfe. Sie wurden aus den Erfahrungen mit den Amoktaten in Erfurt und Emsdetten heraus entwickelt. Sie unterstützen Schulen darin, in Notsituationen auf bewährte Handlungsstrategien zurückzugreifen (s. Kap. 8).

Postvention

Die Postvention beinhaltet die Nachsorge der von der Krise oder dem Notfall Betroffenen sowie die Evaluation des Kriseneinsatzes. Was hat geklappt, was hätte man besser machen können? Das sind Fragen, die sich das Krisen- und Helferteam nach dem Einsatz stellen sollten.

Ist die aktuelle Krise vorbei, wird oft vergessen, dass es das posttraumatische Belastungs-Syndrom (PTBS) gibt, unter dem diejenigen, die eine schwere Krise erlebt haben, noch lange leiden, manchmal sogar ein Leben lang. Die Beschwerden stellen sich oft erst nach ca. einem Monat ein, daher ist es so wichtig, die Betroffenen über die Krise hinaus noch zu begleiten und zu betreuen.

Weiterführendes

Baier, Dirk/Pfeiffer, Christian/Simonson, Julia/Rabold, Susann: Jugendliche in Deutschland als Opfer und Täter von Gewalt. Erster Forschungsbericht Nr. 107. Kriminologisches Forschungsinstitut Niedersachsen 2009.

Bergner, Thomas M. H.: Burnout-Prävention. Das 9-Stufen-Programm zur Selbsthilfe. Schattauer 2009.

Engelbrecht, Arthur/Storath, Roland: In Krisen helfen. Erziehen: Handlungsrezepte für den Schulalltag in der Sekundarstufe. Cornelsen 2005.

Hagemann, Wolfgang: Burnout bei Lehrern. Ursachen, Hilfen, Therapien. Beck'sche Reihe 2009.

Hurrelmann, Klaus/Bründel, Heidrun: Gewalt an Schulen. Pädagogische Antworten auf eine soziale Krise. 2. Aufl. Beltz 2007.

Jannan, Mustafa: Das Anti-Mobbing-Buch. Gewalt an der Schule – vorbeugen, erkennen, handeln. Beltz 2008.

Schaarschmidt, Uwe: Halbtagsjobber? Psychische Beanspruchung im Lehrerberuf – Analyse eines veränderungsbedürftigen Zustandes. Beltz 2005.

Schaarschmidt, Uwe/Kieschke, Ulf: Gerüstet für den Schulalltag. Psychologische Unterstützungsangebote für Lehrerinnen und Lehrer. Beltz 2007.
Singer, Kurt: Die Schulkatastrophe. Schüler brauchen Lernfreude statt Furcht, Zwang und Auslese. Beltz 2009.

2. Ein erster Schritt in der Gewaltprävention: Für eine »Erziehende Schule«

- Werteerziehung und Erziehungsvereinbarungen
- Motivation und Handlungssteuerung
- Die »Trainingsraum-Methode«

Werteerziehung und Erziehungsvereinbarungen

Schüler sind nicht mehr so leicht zu unterrichten wie früher, das sagt die Mehrzahl der erfahrenen Lehrer (Kreter 2002, 2007). Schülerverhalten hat sich in den letzten Jahrzehnten stark verändert. Schüler verhalten sich oftmals im Unterricht respektlos ihren Lehrern und auch ihren Klassenkameraden gegenüber. Sie argumentieren ohne Unterlass, machen unanständige Bemerkungen, geben freche Antworten, widersetzen sich ihren Lehrern, zeigen keine Einsicht und weisen jegliche Schuld von sich. Für manche, die nicht im Schulalltag stehen, mögen diese Schülerverhaltensweisen Lappalien sein. Viele geben auch den Lehrern die Schuld an diesem Verhalten, mit dem Hinweis, dass sie sich nicht durchsetzen könnten oder wollten. Mit dem letzteren haben sie vielleicht sogar Recht. Was Lehrer sich im Unterricht bieten lassen, ohne Einhalt zu gebieten und ohne sich abzugrenzen, gibt in der Tat zu denken. Aber mit dem ersten Argument haben sie Unrecht. Respektloses Verhalten gegenüber Lehrern und Klassenkameraden sowie ständiges Stören im Unterricht sind keine Lappalien, sondern eine Form von Gewalt »im Kleinen«, der begegnet werden muss, damit sie nicht größere Formen annimmt.

Konflikte zwischen Schülern sowie zwischen Schülern und Lehrern gehören zum Schulalltag (Lohmann 2003). Auch Unterrichtsstörungen sind nicht per se etwas Negatives, vielmehr kommt es darauf an, wie darauf reagiert wird. Einen völlig konflikt- und störungsfreien Unterricht gibt es nicht, wohl aber sollte es den Versuch geben, Konflikte und Störungen durch einen respektvollen, aber auch konsequenten Umgang zu reduzieren.

Lehrer und Schüler müssen umlernen. Beide sind mit ihrem Tun und Handeln für einen möglichst störungs- und konfliktfreien Unterricht und ein friedliches Miteinander in der Schule verantwortlich, beide können ihren Beitrag dazu leisten. Es gibt für Lehrer und Schüler Rechte und Pflichten in der Schule. Sie haben das Recht, störungsfrei unterrichten zu können bzw. unterrichtet zu werden, und jeder für sich auch die Pflicht, dafür zu sorgen, dass dies möglich ist (Bründel und Simon 2007). Respekt für den Anderen und die Verantwortung für das eigene Handeln stehen dabei im Vordergrund. Das gilt für Lehrer und Schüler gleichermaßen.

Erziehungsverantwortung ernst nehmen

Gerade weil Unterrichtsstörungen zu einer sehr großen Belastung im Lehreralltag und nicht selten zur Burnout-Symptomatik und zum frühen Ausscheiden aus dem Schulleben beitragen, muss der erste Schritt in der Gewaltprävention darin bestehen, die Erziehungsverantwortung der Schule wieder ernst zu nehmen. Schule hat neben dem Bildungs- auch einen Erziehungsauftrag. Schule kann nicht darauf bauen, dass ihre Schüler die nötigen Verhaltensweisen bereits in ihren Familien erworben haben, sie muss selbst dafür sorgen, dass sie gelernt und ausgeübt werden (Giesecke 2005). Ziel ist der Aufbau moralischer Urteilsfähigkeit und eines verantwortungsbewussten Verhaltens. Beides kann durch Lernprozesse erreicht werden (Standop 2005). Schüler brauchen Erziehung, zu Hause und in der Schule (Kreter 2002). Es nützt niemandem, über fehlende Erziehung in den Familien zu klagen, sondern es gilt, die Ärmel hochzukrempeln und das zu tun, was man in Schule tun kann, und das ist eine ganze Menge (Kreter 2007).

Im Zentrum einer Werterziehung stehen die Respektierung der Menschenrechte und die Übernahme einer Moral, welche die Fähigkeit zur Einhaltung von sozialen Normen und Werten anstrebt. Auf Schule bezogen heißt das, dass es um Werte, um Normen und um daraus abgeleitete Regeln im Rahmen einer Gemeinschaft und kollektiven Verbindlichkeit geht.

Auf das Vorbild kommt es an

Lehrer sind Vorbilder, auf ihr Verhalten in Konfliktsituationen kommt es an. Schüler respektieren Werte dann am ehesten, wenn ihre Lehrer sie auch leben. Es kommt nicht so sehr darauf an, wie die Grundwerte in der Schule *gelehrt* werden, sondern wie nach diesen in der Schule *gelebt* wird. Lehrer müssen aus dem Teufelskreis von Ärger, Ohnmacht, Frustration und Wutanfällen ausbrechen und sich Fähigkeiten aneignen, die eine entspannte und respektvolle Reaktion auf störende Schüler ermöglichen. Im Schulalltag passiert es allzu häufig, dass Lehrer ausrasten, Schüler anschreien und demütigen. Manche greifen zu ironischen, zynischen und sarkastischen Bemerkungen, die den Schüler in seiner Persönlichkeit abwerten.

Wie sehr es auf das Vorbild beim sozialen Lernen ankommt, zeigt die Entdeckung der Spiegelneurone, die, wenn sie aktiviert werden, Menschen zu unbewussten Nachahmern machen können (Singer 2003). Auf Schüler bezogen heißt das, dass das Miterleben von emotionalisierten Lehrern und Schülern beim Einzelnen die Nachahmung des Erlebten begünstigt. Dies erklärt u. a. auch, warum Schüler mit einem gewalttätigen Freundeskreis eher zu Gewalttaten neigen als andere, deren Freunde nicht gewalttätig sind (Baier, Pfeiffer, Simonson und Rabold 2009).

Paradigmenwechsel

In den letzten Jahren hat sich ein Paradigmenwechsel in der Pädagogik und Psychologie vollzogen, der die Begriffe Autorität, Disziplin, Regeln und Konsequenzen positiv belegt und sich für ein Disziplinmanagement in der Klasse einsetzt, um Chaos in der Schule zu verhindern (Lanig 2004, Bueb 2006, Nolting 2007, Keller 2008).

Wenn eine Lehrerin sagt: »Ich schimpfe doch schon den ganzen Tag, was soll ich denn sonst noch machen?«, so liegt dieser Haltung ein tiefes Missverständnis zugrunde. Nicht die Lehrkraft soll reden, sondern die Konsequenzen sprechen lassen (Grüner und Hilt 2008). Sie muss den Mut zur Erziehung haben und damit auch den Mut, für Disziplin zu sorgen. Zunächst ist diese Disziplin noch fremdbestimmt, aber das Ziel einer erziehenden Schule ist es, sie in Selbstdisziplin und Eigenverantwortung übergehen zu lassen. Erziehung ist immer eine Gratwanderung zwischen diesen beiden Polen, es kommt auf die grundsätzliche Haltung zum Schüler an. Ist diese von Wohlwollen, Respekt, Engagement und Gerechtigkeit geprägt, wird sie auch vom Schüler akzeptiert (Bueb 2006).

In jeder Gemeinschaft muss es Verhaltensregeln geben, so auch in der Schule (Kreter 2007). Sie drücken Erwartungen an das soziale Verhalten aus wie Höflichkeit und Friedfertigkeit (Nolting 2007). Regeln stecken die Grenzen ab, die den Schülern Sicherheit geben und gleichzeitig

Werteerziehung und Erziehungsvereinbarungen

der Sicherheit von Schülern dienen, z. B. im Sportunterricht. Regeln stellen Vereinbarungen und Festlegungen für wünschenswertes Verhalten dar. Regeln werden dann von Schülern als gerecht empfunden, wenn sie sinnvoll sind und für alle gleichermaßen gelten. Regeln sind nicht starr, sondern jeweils der Situation angepasst. Was in der Freiarbeit und im offenen Unterricht erlaubt und gewollt ist (umhergehen, miteinander reden, sich austauschen, sich gegenseitig helfen), ist im Chemie- oder Physikunterricht nicht sinnvoll, wenn es etwa um gefährliche Experimente geht und die Schüler beobachten sollen, was geschieht. In diesem Sinn hat der Lehrer die Definitionsmacht und sollte sie weder verschleiern noch sich hinter pseudodemokratischem Gehabe verstecken.

Viele Lehrkräfte klagen darüber, dass sie ihren Unterricht nicht mehr wie geplant durchführen können. Bei Störungen und Konflikten rufen sie die störenden Schüler auf, ermahnen, bitten, schimpfen und erregen sich bis hin zum Ausrasten und anderen emotionalen Ausbrüchen. Viele Lehrkräfte fühlen sich hilflos und können sich nicht durchsetzen oder wagen es nicht. Doch es gilt: Die Lehrkraft hat die Führungsverantwortung in der Klasse. Sie muss deutlich machen: Der ›Boss‹ bin ich. Auch in einem demokratischen Miteinander gibt es einen, der dafür sorgt, dass Vereinbarungen eingehalten werden. Erziehung bedeutet auch immer Führung. Lehrer müssen die ›Lufthoheit‹ in ihrer Klasse herstellen, d. h. sie müssen deutlich sagen, wo es langgeht. Das heißt nun keineswegs, dass sie autoritär vorgehen und sich nicht mit den Schülern abstimmen sollen. Im Gegenteil, sie sollen auf der Grundlage des gegenseitigen Respekts und dem Ziel, ihren Unterricht durchführen zu können, den Schülern klarmachen, dass es Regeln für ein geordnetes Miteinander in der Schule geben muss. Wenn Regeln einmal aufgestellt und erklärt worden sind, dann schließt das endlose Debatten darüber aus, warum die oder eine andere Regel gilt und wann ein Regelverstoß vorliegt.

Regeln sind notwendig

Schule ist Teil einer demokratischen Gesellschaft, in der es Organe, Institutionen und Personen gibt, die für das Gemeinwesen Grundsätze, Gesetze, Vorschriften, Ge- und Verbote ausarbeiten. Dasselbe gilt für die Schule. Sie ist demokratisch organisiert, d. h. es gibt die Schüler, den Schülerrat, die Lehrer, den Lehrerrat, die Schulleitung und die Schulkonferenz als jeweilige Organe, die das Schulleben mitbestimmen.

Schüler leben in unterschiedlichen sozialen Orten, in der Familie, im Fußballverein, in diversen Clubs und Freizeiteinrichtungen. Jeder soziale Ort hat seine spezifischen Regeln, so auch die Schule. Regeln können miteinander vereinbart, können aber auch vorgegeben werden. Lehrer und Schüler stehen sich in der Schule nicht als »Gleiche« gegenüber. Es wäre eine Illusion zu glauben, es gäbe kein Abhängigkeitsverhältnis zwischen Schülern und ihren Lehrern.

Schule muss Schüler darin unterstützen, nicht nur Mitverantwortung, sondern auch Eigenverantwortung für einen geregelten Unterrichtsablauf zu übernehmen. Eigenverantwortung besteht darin, das eigene Verhalten reflektieren zu können und die Konsequenzen für das eigene Tun und Handeln zu übernehmen. Voraussetzung dafür ist, die Konsequenzen zu kennen, die auf ein bestimmtes Verhalten folgen. In der Schule gilt: klare Regeln, klare Konsequenzen. Diese müssen den Schülern bekannt gemacht werden und so angelegt sein, dass sie dadurch etwas lernen, nämlich eine Erweiterung ihrer sozialen Kompetenz.

Viele Lehrer verfolgen ihre Ziele als Einzelkämpfer. Jeder hat eine andere Art, mit Störungen und Konflikten umzugehen: der eine geht gar nicht darauf ein und versucht sie durch Nichtbeachtung zu übergehen, der andere reagiert darauf durch freundliches und immerwährendes Ermahnen und Bitten, wieder andere lassen sich zu impulsiven Reaktionen hinreißen. In vielen Schulen gibt es kein einheitliches Vorgehen, keine verbindliche Struktur, an die sich alle im Kollegium halten. Jeder versucht, auf seine Weise für Ruhe und Ordnung zu sorgen. Daraus resultiert eine Vielzahl spontan praktizierter Maßnahmen, die Schüler oftmals als willkürlich und nicht vorhersehbar empfinden.

Erziehungsvereinbarungen

Regeln sind Erziehungsvereinbarungen zwischen Lehrern, Schülern und Eltern. Eine »erziehende Schule« formuliert solche Vereinbarungen mit Eltern und Schülern und legt die Regeln fest, die für sie gelten sollen. Die Regeln sind positiv formuliert, d. h. sie enthalten das gewünschte Verhalten. Dadurch wird ein positives Lernklima geschaffen. Die Regeln hängen in jedem Klassenraum schriftlich aus und geben den Lehrern bei Störungen die Möglichkeit, den jeweiligen Störer auf die Regeln hinzuweisen. Darüber hinaus einigt sich die »erziehende Schule« auf Konsequenzen, die bei Regelverstößen folgen sollen. Diese bestehen in Gesprächen, für die ein Extra-Raum und auch die nötige Zeit zur Verfügung gestellt werden (s. Trainingsraum-Methode).

Ein solch gemeinsames Vorgehen schafft für Schüler und Lehrer eine Verbindlichkeit, stärkt das Teamgefühl und die Solidarität unter Lehrern und wird von Schülern als gerechtes und für alle Schüler gleiches Eingehen auf Störungen empfunden.

Motivation und Handlungssteuerung

Unterrichtsstörungen sind für den Lehrer sicht- und hörbare Handlungen von Schülern. Was motiviert Schüler zu stören? Es gibt keine allumfassende Theorie zur Handlungsentstehung, allerdings verschiedene Erklärungsansätze, die jeweils Teilaspekte erfassen. Sie unterscheiden sich vor allem in der Art, wie sie dem Einzelnen als Leitmotiv seiner Handlung eine Absicht, einen Sinn oder Nutzen unterstellen, ihm Wahl- oder Entscheidungsfreiheit zubilligen und ihn mehr oder weniger als ein rational und unter Abwägung aller Konsequenzen handelndes Subjekt betrachten (Heckhausen und Heckhausen 2006).

Wünsche, Ziele und Konsequenzen bestimmen das Verhalten

Handlungen entspringen immer subjektiven Interessen, Wünschen und Zielen. Sie können jedoch auch an Regeln, Normen und Konsequenzen anknüpfen, die zwar Handlungsbeschränkungen gleichzusetzen sind, gleichwohl aber »berechenbare Ordnungsmomente« darstellen (Giesecke 2005, S. 28). Sie lassen einen »Freiheitsspielraum von Optionen« zu (ebd., S. 25). Dies stärkt die These, dass es in der Schule für einen weitgehend störungsfreien Unterricht Regeln und Absprachen, gefolgt von Konsequenzen geben muss.

Das Handlungsrepertoire bestimmt die Wahl der Handlung

Im Handlungsbegriff ist das Moment der Wahlfreiheit und der Entscheidung mit begriffen. Auch wenn es neurobiologisch gesehen kein freies Handeln gibt, weil alle mentalen Zustände in Form neurobiologischer Prozesse beschrieben werden, so erfahren sich die Menschen doch in ihrem Erleben als frei, denn sie können sich so oder auch anders entscheiden. Auch Schüler entscheiden sich mehrfach am Tag, etwas zu tun oder zu unterlassen. Ihre Entscheidungsprozesse, wie auch die von Erwachsenen, laufen mehr oder weniger bewusst ab. Schüler sind – in Abhängigkeit von ihrem kognitiven Entwicklungsstand – in der Lage, die Konsequenzen ihres Verhaltens zu überdenken und sich je nach Einschätzung der Konsequenzen für die eine oder andere Handlung zu entscheiden.

Entscheidungen der Schüler für oder gegen eine Handlungsausführung hängen u. a. von ihrem Handlungsrepertoire ab. Wenn ein Schüler nicht weiß, wie er seine Wünsche störungsfrei in die Tat umsetzen kann, wird er ein Verhalten zeigen, das einer Störung gleichkommt. Seine Handlungsmöglichkeiten zu erweitern, ist auch eine Aufgabe von Lehrern. Singer (2003) weist deutlich darauf hin, dass die Gesellschaft nicht davon ablassen dürfe, Entscheidungsprozesse durch Erziehung, Belohnung und Sanktionen so zu beeinflussen, dass regelkonformes Verhalten hervorgebracht werden kann.

Die Frage, was Schüler in ihrem Störverhalten stärkt und was sie davon abhält, lässt sich eindeutig, wenn auch etwas vereinfacht, beantworten: Es sind die fehlenden Konsequenzen, die Schüler darin bestärken, in ihrem Fehlverhalten fortzufahren, und es sind die auf den Regelverstoß folgenden Konsequenzen, die Schüler davon abhalten zu stören.

Die Beziehung zum Lehrer beeinflusst die Handlung

Natürlich spielen auch noch andere Faktoren eine Rolle, z. B. die gute oder die schlechte Beziehung zum Lehrer, sein Unterrichtsstil, sein Engagement, sein Interesse für die Schüler. Schüler spüren sehr genau, ob ein Lehrer sich für sie, sein Unterrichtsfach, die Schule begeistern kann oder nicht. Die Beziehung zu ihm und das Klima in der Klasse sind auch entscheidend dafür, ob sich Schüler an Regeln halten oder nicht. Einige tun es aus Respekt oder gar Liebe zu ihren Lehrern, einige aus Gewohnheit oder auch aus Einsicht, viele jedoch um Sanktionen zu vermeiden. Erstrebenswert ist zwar die Einsicht, doch ist diese nicht immer zu gewinnen. Aus welchem Grunde die Schüler sich an Regeln halten, wird daher nicht hinterfragt. Wichtig ist, *dass* sie sich an die Regeln halten.

Die Trainingsraum-Methode

Die Trainingsraum-Methode ist ein effektives, strukturiertes Programm zur Reduktion von Unterrichtsstörungen. Damit leistet sie einen großen Beitrag zur Gewaltprävention, denn Gewalt entsteht »im Kleinen«, mit scheinbar harmlosen Handlungen (Bründel und Simon 2007). Die Trainingsraum-Methode basiert auf den Schlüsselaussagen der oben referierten Handlungstheorien. Störungen entspringen einer spontanen Bedürfnislage von Schülern und sind von persönlichen Absichten und Wünschen geprägt, die zwar auch mit dem Unterrichtsgeschehen und dem Unterrichtsstil des Lehrers zusammenhängen können, es jedoch immer auch mit mangelnder Selbstkontrolle und fehlendem Bedürfnisaufschub zu tun haben.

Bei Regelverstößen im Unterricht wird der Schüler zur Reflexion angehalten. Dies geschieht mithilfe eines strukturierten Frageprozesses, der aus maximal fünf Fragen besteht und die Schüler schon im Klassenzimmer auf ihr Störverhalten hinweist. Darüber hinaus wird ihre Entscheidungsfreiheit unterstrichen und auch herausgefordert, indem sie wählen, ob sie weiterhin am Unterricht teilnehmen und sich damit an die Regeln halten wollen oder ob sie lieber ein Gespräch mit einem anderen Lehrer in einem anderen Raum, dem Trainingsraum, führen wollen. Der Frageprozess, der von dem Lehrer in Gang gesetzt wird, unterbricht die Störung und leitet eine erste Reflexion des Schülers über sein Verhalten ein.

1. Was tust du?
2. Gegen welche Regel verstößt du?
3. Was überlegst du, wenn du gegen eine Regel verstoßen hast?
4. Wie entscheidest du dich?
5. Was passiert, wenn du wieder störst?

Im Zuge der Routinebildung genügen die Fragen 1, 2 und 5, sodass sich der Frageprozess erheblich verkürzt. Wenn sich der Schüler bei der ersten Störung für das Gespräch mit einem anderen Lehrer entscheidet, und darin liegt seine Entscheidungsfreiheit, dann setzt er die Reflexion über sein Verhalten im Trainingsraum fort. Er kann sich aber auch dazu entscheiden, im Klassenzimmer zu bleiben und sich damit an die Regeln zu halten. Die Schüler schätzen diese Entscheidungsmöglichkeit. Mit der zweiten Störung hat sich der Schüler dann allerdings »entschieden«, unverzüglich in den Trainingsraum zu gehen.

Hilfe zur Reflexion

Der Besuch des Trainingsraumes ist eine Erziehungsmaßnahme, d. h. ›Unterricht in anderer Form‹, der in individuellen Gesprächen mit den Schülern durchgeführt wird. Es handelt sich hierbei nicht um einen ›Ausschluss von der Schule‹ oder ›Ausschluss vom Unterricht‹, sondern um eine zeitlich begrenzte andere Unterrichtsgestaltung, bei der es verstärkt um Erziehung und um ganz individuelle Belange der Schüler mithilfe von dafür besonders qualifizierten Lehrern geht.

Der Trainingsraum ist integraler Bestandteil des Erziehungsauftrages, damit gehört er zum Schulprofil der Schule und ist durch die Schulkonferenz abgesichert, d. h. Lehrer, Eltern und Schüler haben über seine Einführung entschieden. Er ist das Herzstück des Programms, denn hier finden die entscheidenden auf Kooperation und Interaktion beruhenden Gespräche statt. In diesen sollen die Schüler mit Unterstützung einer in kooperativer Gesprächsführung geschulten Lehrkraft ihr Verhalten im Unterricht reflektieren, sich die Regel bewusst machen, gegen die sie verstoßen haben, und überlegen, wie sie es schaffen können, demnächst wieder am Unterricht teilzunehmen, ohne zu stören. Wenn sie dies alles genügend durchdacht haben, fixieren sie ihren Plan schriftlich und zeigen ihn vor der nächsten Stunde dem Fachlehrer, dessen Unterricht sie verlassen haben, um in den Trainingsraum zu gehen. Die Pläne folgen bestimmten Formulierungskriterien: Ichform, positiv und konkret. Sie drücken aus, *wie* sich der Schüler demnächst anders, d. h. gemäß den Regeln, verhalten wird.

Ein Auszug aus einem Trainingsraumgespräch (Bründel und Simon 2007, S. 63, in leichter Abwandlung):

Tr-L.	Peter, was war denn im Klassenraum los?
Peter	Also, äh, nichts Besonderes.
Tr-L.	Wenn nichts Besonderes los war, wie kommt es denn, dass du hier bist?
Peter	Ja, also, die anderen machen immer so einen Blödsinn …
Tr-L.	Halt, stopp mal, wer ist denn jetzt hier im Trainingsraum, du oder die anderen?
Peter	Na ja, ich bin hier.
Tr-L.	Okay, was hast du denn nun im Unterricht genau gemacht?

Die Trainingsraum-Methode

Peter	Ich habe zu Martin gerufen, er soll mir gefälligst sein Lineal geben.
Tr-L.	Du sagst »gefälligst«, hast du denn einen Anspruch darauf?
Peter	Nö, aber er soll sich nicht so anstellen.
Tr-L.	Was wolltest du denn mit dem Lineal machen?
Peter	Ich wollte die Gerade zeichnen, die wir zeichnen sollten.
Tr-L.	Ah, du wolltest eigentlich mitarbeiten. Wo sitzt denn Martin?
Peter	Drei Reihen hinter mir.

Aus diesem kurzen Gesprächsausschnitt wird deutlich, dass der Trainingsraumlehrer in der kooperativen Gesprächsführung geübt ist, denn er geht auf Peter ein, stellt offene Fragen und paraphrasiert das, was Peter gesagt hat. Durch diese Fähigkeit der Gesprächsführung, die ohne jegliches Moralisieren auskommt, bringt er Peter dazu, konkret zu erzählen, wie er sich verhalten hat und welche Absicht er mit seiner Handlung verfolgte. Oft ist diese Absicht durchaus wertzuschätzen, nicht aber die Störungshandlung.

Das Programm findet bei Lehrkräften und Schulleitungen großen Anklang. Sie können weitgehend störungsfrei unterrichten, reagieren einheitlich und respektvoll auf Störungen und geben den Schülern Gelegenheit, soziale Kompetenz zu erlernen. Dadurch herrscht ein anderes, viel freundlicheres Klima im Unterricht. Die Schüler schätzen es, werden bei Störungen nicht mehr angeschrien oder gar »fertig gemacht«, sondern auf ihre Störung und den Regelverstoß respektvoll hingewiesen. Sie lernen, sich zu entscheiden und die Konsequenzen ihrer Entscheidungen zu tragen. Sie werden nicht einfach vor die Tür gestellt, sondern erhalten Hilfe und Unterstützung bei der Reflexion ihres Verhaltens durch eigens dafür ausgebildete Pädagogen.

Wie attraktiv das Programm für Lehrer und Schüler ist, zeigt die Tatsache, dass es schon in sehr vielen Schulen implementiert und mit großem Erfolg und zur Zufriedenheit aller durchgeführt wird.

Weiterführendes

Baier, Dirk/Pfeiffer, Christian/Simonson, Julia/Rabold, Susann: Jugendliche in Deutschland als Opfer und Täter von Gewalt. Erster Forschungsbericht Nr. 107. Kriminologisches Forschungsinstitut Niedersachsen 2009.

Bründel, Heidrun/Simon, Erika: Die Trainingsraum-Methode. Unterrichtsstörungen. Klare Regeln, klare Konsequenzen. 2. erw. und akt. Aufl. Beltz 2007.
Bueb, Bernhard: Lob der Disziplin. Eine Streitschrift. List 2006.
Giesecke, Hermann: Wie lernt man Werte? Grundlagen der Sozialerziehung. Juventa 2005.
Grüner, Thomas/Hilt, Franz: Bei Stopp ist Schluss. Werte und Regeln vermitteln. AOL Verlag 2008.
Heckhausen, Jutta/Heckhausen, Heinz: Motivation und Handeln, 3. Aufl. Springer 2006.
Keller, Gustav: Disziplinmanagement in der Schulklasse. Unterrichtsstörungen vorbeugen – Unterrichtsstörungen bewältigen. Huber 2008.
Kreter, Gabriele: Jetzt reicht's. Schüler brauchen Erziehung. Was die neuen Kinder nicht mehr können – und was in Schule zu tun ist. Kallmeyer 2002.
Kreter, Gabriele: Rote Karte für Nervensägen. Wie Schüler zu Unterrichtsstörern werden und was Eltern und Schule gemeinsam dagegen tun können. Klett Kallmeyer 2007.
Lanig, Jonas: Gegen Chaos und Disziplinschwierigkeiten. Eigenverantwortung in der Klasse fördern. Verlag an der Ruhr 2004.
Lohmann, Gert: Mit Schülern klarkommen. Professioneller Umgang mit Unterrichtsstörungen und Disziplinkonflikten. Cornelsen 2003.
Nolting, Hans-Peter: Störungen in der Schulklasse. Ein Leitfaden zur Vorbeugung und Konfliktlösung. 6. überarb. und erw. Auflage Beltz 2007.
Singer, Wolf: Ein neues Menschenbild? Suhrkamp 2003.
Standop, Julia: Werte-Erziehung. Einführung in die wichtigsten Konzepte der Werterziehung. Beltz 2005.

3. Ein zweiter Schritt in der Gewaltprävention: Für eine »Erziehungspartnerschaft«

- Das System Eltern-, Schüler-, Lehrerschaft
- Optimierung der Elternarbeit
- Elterntrainings und Netzwerkaktivitäten

Das System Eltern-, Schüler-, Lehrerschaft

Bildung und Erziehung ist eine gemeinsame Aufgabe von Eltern und Schule. Beide haben großen Einfluss nicht nur auf die Schulleistung ihrer Kinder bzw. Schüler, sondern auch auf ihre moralische Entwicklung im Sinne von Werten und Normen und damit auf ihr Verhalten (Sacher 2008). Da die Mehrzahl aller Schüler minderjährig ist, versteht es sich von selbst, dass Schule versuchen sollte, Eltern in die Bildungs- und Erziehungsarbeit der Schule mit einzubeziehen. Sie sind schulrechtlich dazu verpflichtet, denn sie haben einen Bildungs- und Erziehungsauftrag. Schule kann die Eltern nicht dazu zwingen, mit ihr zusammenzuarbeiten, wohl aber sie durch vielerlei Maßnahmen motivieren, sich aktiv in der Elternarbeit zu engagieren (Korte 2008).

Wenn Schule sich als »Erziehende Schule« versteht, sollte es ihr Ziel sein, mit Eltern in eine »Erziehungspartnerschaft« einzutreten und diese aktiv zu gestalten. Eine enge Zusammenarbeit zwischen Schule und Eltern kann Missverständnisse beseitigen und Probleme frühzeitig klären, bevor sie sich zu Konflikten ausweiten. Bei problematischem Schülerverhalten ist Schule auf die Mithilfe der Eltern angewiesen und Eltern auf die der Schule. Nur im gegenseitigen Einvernehmen und im kooperativen Austausch eröffnen sich Möglichkeiten, auf Leistungs-, Verhaltens- oder auch emotionale Probleme der Schüler adäquat zu reagieren. Die Erziehungspartnerschaft setzt beidseitiges Vertrauen voraus und die Gewissheit, notwendige Entscheidungen zum Wohle des Schülers nur gemeinsam treffen zu können. Damit hat sie eine sowohl präventive als auch interventive Zielsetzung.

Die Zusammenarbeit zwischen Schule und Eltern ist jedoch nicht immer leicht. Dennoch wünschen sich im Prinzip sowohl die Mehrzahl der Lehrer als auch die der Eltern eine gute Kooperation und Kommunikation. Das setzt aber den Willen zur Zusammenarbeit und auch das beidseitige Engagement voraus. Es muss ein offener Austausch über die Erziehungsziele der Eltern einerseits und der Schule andererseits mit gegenseitiger Abstimmung erfolgen. Günstig ist es, wenn ein Grundkonsens in Erziehungs- und Bildungsfragen gefunden und Absprachen über gemeinsame Regeln und Konsequenzen in einem ›Pakt‹ für Erziehung und Bildung festgehalten werden können.

Im System Schule bilden die Eltern, Schüler und Lehrer Subsysteme, die sich in ihrer Systemidentität stark voneinander unterscheiden (Sacher 2008). Das stabilste und zeitlich konstanteste sowie höchst entwickelte ist das Lehrersubsystem mit den einzelnen Lehrern, Klassen-, und Fachlehrern, den verschiedenen Funktionsträgern und der Schulleitung. Sie gehören zum Kollegium, interagieren miteinander und haben meistens einen gemeinsamen Arbeitgeber. Die Schülerschaft differenziert sich in sehr viele Einzelpersonen, die einander vorwiegend auf Klassenebene kennen. Sie organisieren sich in den Funktionen der Klassensprecher, Klassensprecherversammlung, Schülersprecher und Schülermitverantwortung. Häufig sind nur wenige Schüler wirklich aktiv und bereit, Rollen verantwortlich zu übernehmen.

Ähnlich wie die Schülerschaft tritt auch die Elternschaft einer Schule kaum als Ganzes auf, allenfalls durch ihre Vertreter, den Klassenelternund Schulelternsprechern oder den schulübergreifenden Gremien, den Stadt-, Kreis- und Landeselternschaften. Einzelne Eltern haben kaum den Überblick und kennen sich weder untereinander noch halten sie Kontakt zu ihren Vertretern. Bei vielen Eltern ist die Bereitschaft, sich verantwortungsvoll zu engagieren, eher gering ausgeprägt. Systemtheoretisch betrachtet, beschäftigen sich die drei Systeme überwiegend mit sich selbst. Obwohl es zwischen ihnen vielseitige Verbindungen geben müsste, ist in der Praxis eine Kooperation oftmals nicht gegeben.

Die Organisationsstruktur der schulischen Subsysteme (Abb. in Anlehnung an Sacher 2008, S. 37):

Das System Eltern-, Schüler-, Lehrerschaft

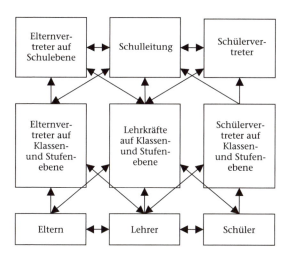

Innerhalb der jeweiligen Subsysteme auf horizontaler Ebene, z. B. den Eltern, Lehrern und Schülern, gibt es unterschiedlich intensive Beziehungen. Die unter den Schülern sind die vielfältigsten, aber auch die unter Lehrern sind zahlreich, da sie sich täglich im Lehrerzimmer sehen und häufig auch im Team zusammenarbeiten. Die Beziehungen unter den Eltern an der Basis sind jedoch am wenigsten eng.

Im Vergleich zu den *Intra*gruppenbeziehungen müssen die Kooperations- und Kommunikationsbeziehungen auf vertikaler Ebene, also die *Inter*gruppenbeziehungen, gestärkt werden, wenn die Erziehungspartnerschaft gelingen soll. Das bezieht sich überwiegend auf die Kommunikationsstruktur zwischen Eltern und Elternvertretern auf den beiden höheren Ebenen und ebenfalls zwischen Schülern und Schülervertretern auf den jeweilig höheren Ebenen.

Unterschiedliche Erwartungen und Konfliktpotenziale

Die Erwartungen von Eltern an die Schule und speziell an die Lehrer beziehen sich u. a. auf eine bessere Erreichbarkeit, eine bessere Förderung ihrer Kinder, ein größeres Mitspracherecht, was schulische Belange anbetrifft, und auch einen intensiveren Austausch über Erziehungsfragen. Manche Eltern haben keine klaren Konzepte für den Umgang mit ihren

Kindern und wünschen sich daher eine Unterstützung durch die Schule. Andere wiederum benötigen diese nicht bzw. meinen, ihrer nicht zu bedürfen und sehen in der Schule keinen Erziehungspartner. Die einen überfordern Lehrer mit ihren Erwartungen, die anderen grenzen sich ab und wollen mit Schule möglichst wenig zu tun haben.

Lehrer wiederum wünschen sich Unterstützung bei der Erfüllung ihres Unterrichtsauftrages, was z. B. die Befolgung der schulischen Regeln anbetrifft und das Anfertigen der Hausaufgaben oder auch den regelmäßigen Schulbesuch der Kinder. Sie möchten, dass sich Eltern bereit erklären, in schulischen Gremien mitzuarbeiten. Sie schätzen es, wenn Eltern bei Problemen eine persönliche Aussprache mit ihnen suchen. Allerdings, so betont Sacher (2008), ist dies wohl eher idealtypisch zu betrachten, denn es gibt bei Lehrern auch ein ausgeprägtes Misstrauen gegenüber den Eltern und eine Tendenz zur Abschottung. Beide Seiten haben Probleme, zusammenzuarbeiten und sich kooperativ zu verhalten. Ein Konfliktpotenzial ist vorhanden.

Die durch Rechtsvorschriften festgelegten Kontakte zwischen Lehrern und Eltern wie Sprechstunden, Elternsprechtage und Elternabende reichen nicht aus. Sie sind recht formal und hierarchisch geprägt. Für viele Eltern sind es mehr oder weniger lästige Pflichtbesuche, die sie wahrnehmen, um nicht den Anschein zu erwecken, sie seien am Schulleben ihrer Kinder desinteressiert. Untersuchungen von Sacher (2008) haben ergeben, dass der Nutzen für Eltern gering ist und dass sie sich mit fortschreitendem Alter ihrer Kinder immer weniger daran beteiligen.

Kontakte und Gesprächsanlässe zwischen Elternhaus und Schule ergeben sich aus vielfältigen Anlässen, z. B. gegenseitiges Kennenlernen, Austausch von Informationen über Schulprojekte und Schülerleistungen, Beratungen bei problematischem Schülerverhalten und Absprachen über gemeinsames Vorgehen sowie Entscheidungen über zukünftige Schulformen. Die Betonung liegt auf der Gemeinsamkeit, denn oft genug ist der Informationsfluss vonseiten der Schule einseitig und entspricht nicht einer wirklichen Kooperation.

Lehrer erbitten in Gesprächen selten Informationen über die Familie und das außerschulische Leben ihrer Schüler. Elternsprechtage reichen dafür erfahrungsgemäß nicht aus, weil die Zeit für intensivere Einzelgespräche an diesen Tagen zu kurz ist. Eltern wiederum wünschen sich nicht nur Informationen über den Leistungsstand ihrer Kinder, sondern auch über deren Verhalten sowie einen Austausch in Fragen der Entwicklung (z. B. Pubertät) und damit zusammenhängender Erziehungsschwierigkeiten. Es gibt nach Ansicht von Eltern zu wenig Gesprächseinladungen, flexible Sprechzeiten, persönliche Briefe und Anrufe und so gut wie keine Hausbesuche (Sacher 2008). Schulen meinen hingegen, dass es ausreichend Möglichkeiten gibt, mit Eltern Kontakt aufzunehmen:

- Elternbriefe und Rundschreiben
- Informationsblätter
- Individuelle Briefe
- Mitteilungshefte
- Telefonkontakte
- Gespräche in Sprechstunden
- Gespräche bei Sprechtagen
- Gespräche zu besonderen Anlässen

Und doch sind diese Kontaktformen für Eltern oft unbefriedigend, weil sie sich in einer untergeordneten Position fühlen. Nicht selten haben Eltern gegenüber Lehrern Ohnmacht- und Unterlegenheitsgefühle.

Optimierung der Elternarbeit

Eine gut funktionierende Elternarbeit bezieht immer auch die Schüler mit ein. Voraussetzung dafür ist, dass Kinder bereit sind, mit ihren Eltern über ihr Schülerleben zu sprechen und Eltern bereit sind, ihre Kinder als Schüler wahrzunehmen und mit ihnen über ihre schulische Situation zu sprechen. Elternarbeit bedarf der Neuorientierung, mit dem Ziel, die Kontakte untereinander zu optimieren.

Eine Optimierung der Elternarbeit bedeutet, Eltern nicht das Gefühl zu geben, nur bei Schulfesten, Ausflügen etc. willkommene Helfer zu sein, sondern Kooperationspartner in allen Fragen des Schullebens und der Schulplanung zu sein, die ihre Kinder unmittelbar betreffen.

Für eine gute Elternarbeit ist vor allem die Atmosphäre zwischen Schule und Elternhaus entscheidend. Sie setzt sich aus kognitiven Merkmalen (Informationsaustausch), emotionalen Merkmalen (Achtung und Vertrauen) und handlungsbezogenen Merkmalen (Koordination, Abstimmung von pädagogischen Maßnahmen) zusammen (Sacher 2008).

3. Ein zweiter Schritt in der Gewaltprävention

Eine ›elternfreundliche Schule‹ gibt Eltern das Gefühl, willkommen zu sein. Die Gespräche werden auf gleicher Augenhöhe, d. h. partnerschaftlich geführt. Lehrer sollten ihnen Wertschätzung entgegenbringen und sie in pädagogische Überlegungen mit einbeziehen. Es gilt sie davon zu überzeugen, dass sie als Eltern einen wichtigen Beitrag leisten können, damit ihre Kinder sich an Regeln und Vereinbarungen halten. Die Eltern sollten nicht verbessert, belehrt oder gar bloßgestellt werden, sondern im Gegenteil, ihre ureigenen positiven Ressourcen im Umgang mit ihren Kindern müssen gestärkt werden. Lösungsorientierte Elternarbeit besteht darin, Eltern zu ermutigen, sich ihrerseits Erziehungsziele zu setzen, damit ihre Kinder gut durch die Schule kommen.

Der Informationsaustausch ist ein wichtiger Bestandteil der Elternarbeit. Er reduziert Misstrauen und sorgt für Transparenz. Besonders geeignet ist das Einholen des Elternfeedbacks. Damit signalisiert die Schule, dass ihr die Meinung der Eltern wichtig ist. Beim Elternfeedback geht es darum zu erfahren, was Eltern über die schulische Arbeit oder aber über bestimmte anstehende Projekte und Entscheidungen denken. Dies ist ganz besonders wichtig, wenn neue Programme, Erziehungsmethoden, wie z. B. die Trainingsraum-Methode, eingeführt werden sollen (s. Kapitel 2). Informationen an Eltern über zurückliegende oder auch bevorstehende Ereignisse können über Info-Briefe erfolgen. Besonders bei bevorstehenden Projekten ist es angebracht, sich das Elternfeedback einzuholen und sich zumindest in der Schulkonferenz mit Eltern und Schülern abzustimmen.

Eine gute Methode, Eltern über Schülerarbeiten zu informieren und gleichzeitig den Kontakt zu ihnen zu stärken, sind Ausstellungen von Schülerarbeiten, zu denen die Eltern in Form einer Vernissage eingeladen werden. Informationsaustausch basiert auf gegenseitiger Achtung und schafft Vertrauen. Hier sind Kreativität und erlebnisaktivierende Maßnahmen gefragt.

Eltern schätzen die spontanen informellen Gespräche, die sich beim Bringen oder Abholen der Kinder ergeben. Sie tragen viel zu einer guten Atmosphäre bei. Ganz wichtig sind neben den Sprechstunden flexible Sprechzeiten, die auch den Bedürfnissen der Eltern entgegenkommen.

Gestaltung der formellen Kontakte

Zu den formellen Kontakten gehören die Elternsprechstunden, Klassenelternabende und Elternsprechtage. Die Initiative dazu ergreifen die Schulen. Ein Nachdenken über die zeitlichen und örtlichen Bedingungen sowie über inhaltliche Aspekte tut Not. Die Sprechstunden der Lehrer liegen oft in der Unterrichtszeit und werden mit den Freistunden verknüpft. Ein Teil der Elternsprechtage wird häufig auf den Vormittag, der andere Teil auf den Nachmittag gelegt. Die meisten Eltern sind berufstätig und haben somit nur begrenzte Möglichkeiten, die Lehrer aufzusuchen. Hinzu kommen Barrieren, die u. a. mit dem »Ort Schule«, dem Warten auf zugigen Fluren, den kleinen Stühlen, der ungemütlichen Umgebung etc. zusammenhängen. Wenn einzelne Eltern zur Schule gebeten werden, sind es meistens für Eltern und ihre Kinder unangenehme Anlässe.

Aus all diesen Zugangsbarrieren kann nur die Schlussfolgerung gezogen werden, eine größtmögliche Flexibilisierung einzuführen, d. h. Sprechzeiten und Elternsprechtage auf die Nachmittage und frühen Abendstunden zu verlegen und sich um Erstkontakte mit Eltern zu bemühen, wenn das Kind noch nicht »in den Brunnen gefallen« ist. Korte (2008, S. 31) betont, dass Beratung einer »Brandvorsorge« ähneln sollte und nicht einem »Feuerwehreinsatz«. Die Frage, wann die Gespräche stattfinden, ist ebenso wichtig wie die Frage, wo sie stattfinden. Jede Schule sollte sich um ein angenehm gestaltetes Elternsprechzimmer bemühen und eine Wohlfühl-Atmosphäre herstellen.

Gesprächsführung und Gesprächskultur

Von großer Bedeutung sind die Gesprächskontakte und die Gesprächskultur. Die größte Kunst in der Gesprächsführung ist das Zuhören und die Hinwendung zum Gesprächspartner. Lehrer haben hier Defizite, sie sind daran gewöhnt, viel zu reden und praktizieren diese Gewohnheit auch in Elterngesprächen, was oftmals einem Monologisieren gleichkommt. Lehrer versuchen darüber hinaus, oft in Elterngesprächen zu moralisieren, zu predigen und zu belehren oder Vorträge zu halten. Dies kommt bei Eltern nicht gut an.

Selbstverständlich hat der Lehrer die Gesprächsführung in der Hand, d. h. er leitet das Gespräch, er beginnt und beendet es. Aber eine wichtige inhaltliche Aufgabe ist das Verstehen dessen, was Eltern ihm sagen.

3. Ein zweiter Schritt in der Gewaltprävention

Er wendet dabei die Methode des Aktiven Zuhörens an, die darin besteht, offene Fragen zu stellen, zu paraphrasieren und die Gefühle des Gesprächspartners zu verbalisieren. Die Leitung des Gesprächs übt er mit der Methode des Strukturierens aus, d. h. er teilt das Gespräch in mehrere Abschnitte. Zu Beginn sollten immer sog. Tür-Öffner stehen, d. h. einleitende Worte der Begrüßung und der Wertschätzung. Dann sollte das Anliegen der Eltern im Mittelpunkt stehen, die Sorge über das Verhalten des Kindes, ein Informationswunsch über den Leistungsstand des Kindes oder ganz einfach ein Austausch über allgemeine Erziehungsfragen. Den letzten Abschnitt des Gesprächs bilden entweder Vereinbarungen, Festsetzungen oder der Wunsch nach einem weiteren Termin in nächster Zeit.

Folgende Skizze verdeutlicht die einzelnen Phasen bzw. Methoden der Gesprächsführung im Trainingsraum (nach Redlich 1992).

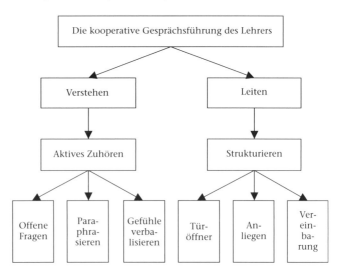

Die kooperative Gesprächsführung kann jeder Lehrer lernen, sie ist für ein gutes Gespräch unerlässlich. Oberstes Gebot ist, sich Zeit für das Gespräch zu nehmen und sich ruhig und gelassen auf den Gesprächspartner einzustellen. Es gibt eine Menge an gesprächsfördernden Elementen (Weisbach und Sonne-Neubacher 2008), mit denen Lehrer Eltern zeigen, dass sie ihnen zuhören und an ihren Gedanken und Gefühlen teilnehmen. Dazu gehören nonverbale Hinweise wie Körperhaltung, Sitzposition, Gestik, Mimik wie Lächeln, Nicken, Augenkontakt halten und Lautäußerungen wie »Hm«, »So«, »Aja«, »Oh« bis hin zum Wiederholen mit eigenen Worten (Paraphrasieren). Die größte Schwierigkeit besteht für Lehrer darin, sich mit ihrer eigenen Meinung zurückzuhalten und keine Bewertungen auszusprechen. Aktives Zuhören ist die Brücke zum Gesprächspartner, d. h. man geht sinnbildlich zu ihm herüber und stellt den kognitiven und emotionalen Kontakt zu ihm her. Durch offene Fragen an die Eltern werden diese dazu gebracht, mehr von ihrem Anliegen zu erzählen, aus sich herauszugehen, sich zu öffnen.

Folgende Gesprächssequenz aus der Mitte eines Gesprächs zwischen einer Lehrerin und einem Vater mag dies erläutern (Bründel und Simon 2007, S. 108, in leichter Abänderung):

Fr. M.	Herr Winter, was erzählt Matthias denn so zu Hause von der Schule?
H. W.	Hm, wenig.
Fr. M.	Also, wenn Matthias nicht viel erzählt, dann ist es ja auch schwierig für Sie zu wissen, wie er sich im Unterricht verhält.
H. W.	Ich sag oft zu ihm: Junge, wenn du nicht aufpasst, dann gibt's was hinten drauf!
Fr. M.	Und wie oft kommt es vor, dass es etwas hinten drauf gibt?
H. W.	Ach, selten, meine Frau nimmt ihn dann in Schutz.
Fr. M.	Sie sind sich da nicht immer einig?
H. W.	Nee, ich bin ihr wohl zu cholerisch!
Fr. M.	Ihnen geht manchmal einfach die Hutschnur hoch.
H. W:	Ja, genau so ist das. Aber Matthias stellt sich auch manchmal zu dusselig an, da kann das schon mal passieren.
Fr. M.	Was meinen Sie mit dusselig?

Das Gespräch geht weiter: Herr Winter schildert im Folgenden das Verhalten von Matthias genauer und konkreter, sodass beide miteinander beraten können, welche Maßnahmen in der Schule und zu Hause Matthias helfen können, ein anderes Verhalten zu zeigen. Der Gesprächsausschnitt zeigt, dass Fr. M. in jeder Replik auf die Äußerungen von

Herrn Winter eingeht, diese umschreibt und ihn dann mit offenen Fragen dazu bringt, Genaueres und Konkretes zu erzählen.

Wenn es um Verhaltensauffälligkeiten des Schülers geht, können die Gespräche auch in Anwesenheit des Kindes bzw. des Jugendlichen geführt werden. Damit wird vermieden, dass sich der Schüler übergangen fühlt, denn es soll ja gerade seine Eigenverantwortung gestärkt werden. Der Schüler soll mit überlegen, wie er sein Verhalten ändern kann. Aber wie im obigen Beispiel ist es auch gut möglich, das Gespräch mit Eltern oder Elternteilen allein zu führen. Das entscheiden die Lehrer oder die Eltern je nach Situation.

Elterntrainings und Netzwerkaktivitäten

Elterntrainings werden in Deutschland vermehrt angeboten und auch immer stärker von Eltern frequentiert. Elterntrainings zielen darauf ab, die Fähigkeiten und Fertigkeiten von Eltern zu stärken. Es geht in beiden um ein ›Empowerment‹, um eine Anreicherung und Stärkung des Vorhandenen. Bei allen Maßnahmen ist zu berücksichtigen, dass sie nicht defizitorientiert angelegt sein und Eltern nicht das Gefühl geben dürfen, sie seien in der Erziehung inkompetent, und die Schule wüsste es besser. Das ist keineswegs so. Oft sind Lehrer, in ihrer eigenen Rolle als Eltern, genauso ratlos wie andere Eltern auch. Gemeinsame Hilflosigkeit kann eine Quelle von Kreativität und Gestaltungswillen sein. Es empfiehlt sich dann, Schulpsychologen und externe Erziehungsberater mit heranzuholen. Neben der Schule gibt es viele »heimliche Miterzieher« wie Fernsehen, Videofilme, Computer, die Gruppe der Gleichaltrigen (Peers) etc., deren Einfluss immens und von Schule und Eltern kaum auszugleichen ist.

Elterntrainings sollten ressourcenorientiert angelegt sein, d. h. die Fähigkeiten von Eltern im gewaltpräventiven Umgang mit ihren Kindern stärken. In erster Linie geht es darum, sich selbst gewaltfrei zu verhalten und über Konfliktlösungsstrategien zu verfügen. Das Programm »Triple P« (**P**ositive **P**arenting **P**rogram) zeigt Eltern, wie sie diese erarbeiten können. Es ist ein an Lernprinzipen orientiertes Training, das mit Methoden der Belohnung und des Ignorierens arbeitet. Das Programm »Starke Eltern – Starke Kinder« stärkt Eltern in ihrer Fürsorglichkeit, in der Annahme des Kindes und in der Ermutigung für gewaltfreies Handeln.

Elterntrainings und Netzwerkaktivitäten

Wissenschaftliche Untersuchungen zeigen, dass allgemeine Lebenskompetenzen wie Problem- und Konfliktfähigkeit, Stressbewältigung und Beziehungsfähigkeit am besten gewaltpräventiv wirken, und diesen Zielen sind die Elterntrainings und Gewaltpräventionsprogramme verpflichtet.

Die Programme werden häufig von externen Institutionen (Jugendämter, Volkshochschulen) oder auch Beratungsstellen angeboten und sind daher für Eltern mit Kosten verbunden. Die Erfahrung zeigt außerdem, dass sie überwiegend von jenen Eltern besucht werden, die solche Kurse eigentlich nicht nötig hätten. Auch Lehrer bestätigen, dass fast immer nur diejenigen Eltern von sich aus in die Sprechstunde oder zu Elternversammlungen kommen, die sich engagieren und Interesse haben, die Eltern problembehafteter Kinder sehen sie dagegen kaum.

Nun sind allerdings Lehrer zeitlich und inhaltlich oft überfordert, diese Elterntrainings selbst durchzuführen. Sacher (2008) schlägt daher vor, die Erziehungskompetenz erfahrener Eltern zu nutzen. Ein Blick nach Baden-Württemberg zeigt, dass dort schon »Elternmentoren« ausgebildet sind, die andere Eltern der Schule beraten und unterstützen.

Einen anderen Weg geht Korte (2008). Er macht weitreichende Vorschläge, die von der Schule selbst praktiziert werden können, z. B. die Einrichtung einer telefonischen Erziehungsberatung, einer schulbegleitenden Elternschule, Einrichtung einer Erziehungshomepage, Elternbriefe etc. So zeitaufwändig diese Vorschläge auch sein mögen, sie knüpfen einen engen Kontakt zwischen Schule und Eltern, binden die Eltern an die Schule und schaffen viele Gemeinsamkeiten.

Was tun mit Eltern, die ihrer Erziehungsverantwortung nicht gerecht werden, die sich nicht um ihre Kinder kümmern? Hier muss es gesellschaftspolitische Aktionen geben, die weit über schulische Maßnahmen hinausgehen. Eltern muss klar gemacht werden, dass sie nicht nur Elternrechte haben, sondern auch Elternpflichten. Dazu gehört als Mindestmaßstab, dass sie ihre Kinder zur Schule schicken und das Schuleschwänzen unterbinden. Eltern sind zur Erziehung ihrer Kinder verpflichtet, und dazu gehört der regelmäßige Schulbesuch, der notfalls mit Ordnungsmaßnahmen durchgesetzt werden kann. Einige Erziehungs- und Sozialwissenschaftler fordern Pflicht-Erziehungskurse für Eltern und möchten sie an Kindergärten und Schulen angebunden wissen. Sie stoßen damit jedoch auf den Widerstand anderer, die meinen, dass eine »zwangsweise Erziehungsberatung« das Problem nicht lösen könne.

Tatsache ist jedenfalls, dass es viele hilflose Eltern gibt, die nicht wissen, wie sie sich ihren Kindern gegenüber verhalten und auch durchsetzen sollen. Diese Eltern brauchen Hilfe und Unterstützung, z. B. durch das Jugendamt, durch schulpsychologische Beratungs- oder auch Erziehungsberatungsstellen. Auf der anderen Seite muss Hilfe angenommen werden wollen, sie kann nicht verordnet werden.

Netzwerkaktivitäten

Gewaltprävention ist eine gesamtgesellschaftliche Angelegenheit und letztlich eine Frage der Sozialpolitik. Leistungsversagen in der Schule, Arbeitslosigkeit und Perspektivlosigkeit in den Familien sind Faktoren, die Gewalt hervorrufen können. Daher muss es ein ganzes Bündel von Maßnahmen und nicht nur Einzelaktivitäten geben, um der Gewalt wirksam entgegenzutreten.

Elternarbeit mit dem Ziel der Gewaltprävention gelingt dann am besten, wenn sich Schulen und Eltern mit außerschulischen Personen und Einrichtungen vernetzen und eng mit ihnen zusammenarbeiten. Dazu gehören die Elternschaften auf Stadt-, Kreis- und Landesebene. Kooperationspartner von Lehrern und Eltern sind die Vertreter der Jugend-, Arbeitsämter und Agenturen für Arbeit, die Erziehungsberatungsstellen und selbstverständlich die Schulpsychologen und Sozialpädagogen sowie die Polizei und Kriminalpräventiven Räte der Gemeinden. Durch eine solch enge Zusammenarbeit können nicht nur Projekte zur Gewaltprävention entstehen, die ganz auf die Bedürfnisse der Schulen und der Elternschaft abgestimmt sind, sondern auch direkte Hilfen bei der Bewältigung von Problemen gegeben werden.

Die Polizei hat die wichtige Aufgabe, Gewalt zu verhindern und bei Gewalttaten einzuschreiten. Eine größere Präsenz auf Schulhöfen wäre eine weitere Möglichkeit, um einerseits den Schülern Sicherheit zu bieten und auch als Gesprächspartner zur Verfügung zu stehen, und andererseits den möglichen Tätern von vornherein Einhalt zu gebieten und sie von der Gewalthandlung abzuhalten. Schülern muss klar werden: Gewalt in der Schule darf es nicht geben, Schule darf nicht zum Tatort von Gewalt werden. Nicht nur Eltern und Lehrer klagen über mangelnden Respekt, sondern selbst Polizisten. Auch sie müssen neue Wege finden, mit gewaltbereiten Jugendlichen umzugehen und ein deutliches Signal setzen.

Zusätzlich sind Staatsanwaltschaft und Jugendrichter aufgefordert, Strafverfahren zügig zu bearbeiten und möglichst Konsequenzen sofort und wirksam folgen zu lassen. Wenn Jugendliche vor dem Richter stehen, liegen ihre Straftaten, an die sie sich kaum noch erinnern können, häufig Monate bis Jahre zurück. Damit ist jede Strafe im Grunde wirkungslos. Wenn Konsequenzen, wenn Sühne, wenn Strafe, dann möglichst unmittelbar nach der Tat.

Im Projekt »Zivilcourage« werden z. B. Schüler ausgezeichnet, die durch ihr vorbildliches Sozialverhalten aufgefallen sind, sei es durch Schlichten von Streitigkeiten, Verhinderung von Prügeleien oder sich Kümmern um Verletzte bei Unfällen. Sportliche Aktivitäten sind ebenso gefragt wie spezielle Angebote für Mädchen und Jungen sowie für Eltern. Unternehmen gehen in Schulen und verpflichten sich zur Zusammenarbeit. Die Kooperation mit außerschulischen Partnern ist wichtiger denn je. Schule muss sich nach außen öffnen. Lehrer, Eltern und Schüler profitieren davon, beide erhalten dadurch ein realistischeres Bild von der beruflichen und schulischen Lebenswirklichkeit. Nur wenn alle Kräfte auf allen Ebenen partnerschaftlich miteinander am Ziel der Gewaltfreiheit arbeiten, kann es gelingen, Schule zu einem sicheren und gewaltfreien Ort zu machen.

Weiterführendes

Korte, Jochen: Erziehungspartnerschaft Eltern – Schule. Von der Elternarbeit zur Elternpädagogik. Beltz 2008.

Redlich, A.: Kooperative Gesprächsführung in der Beratung von Lehrern, Eltern und Erziehern. Bd. 4 der Materialien aus der Arbeitsgruppe Beratung und Training, Fachbereich Psychologie, Universität Hamburg 1992.

Sacher, Werner: Elternarbeit. Gestaltungsmöglichkeiten und Grundlagen für alle Schularten. Klinkhardt 2008.

Weisbach, Christian-Rainer/Sonne-Neubacher, Petra: Professionelle Gesprächsführung. Ein praxisnahes Lese- und Übungsbuch. dtv 2008.

Elterntrainings:
Starke Kinder brauchen starke Eltern von Honkanen-Schoberth, Paula: Der Elternkurs des Deutschen Kinderschutzbundes 2003.

3. Ein zweiter Schritt in der Gewaltprävention

Das Triple P Elternarbeitsbuch. Der Ratgeber zur positiven Erziehung mit praktischen Übungen von Markie-Dadds, Carol/Sanders, Matthew R./Turner, Karen M. T. PAG Verlag für Psychotherapie, 2004.

4. Ein dritter Schritt in der Gewaltprävention: Für eine »Anti-Mobbingkultur«

- Mobbing im Kollegium – ein verschwiegenes Problem
- Mobbing unter Schülern – ein subtil funktionierendes System

Mobbing im Kollegium – ein verschwiegenes Problem

In Schulkollegien ist das Klima nicht immer angenehm und entspannt. Oft herrscht »dicke Luft im Lehrerzimmer« (Knapp, Neubauer und Wichterich 2004). Berufseinsteiger, d. h. Referendare und neue Kollegen spüren das sehr schnell. Beschlüsse werden nicht eingehalten und boykottiert. Oft gibt es Gruppen, Fraktionen und Cliquen, in denen es heimliche Koalitionen und Absprachen gibt. Die unterschwelligen Mechanismen der Machtausübung im hierarchischen System Schule machen vielen Lehrern zu schaffen. Junge Lehrer werden häufig, gerade wenn sie ihren Schuldienst beginnen, allein gelassen und erfahren wenig Unterstützung von ihren Kollegen, auch nicht von der Schulleitung (Paseka 2005). Die »Neuen« werden manchmal als Bedrohung wahrgenommen. Es wird befürchtet, sie könnten durch innovative Unterrichtsmethoden oder -gestaltung Unruhe ins Kollegium bringen und eingefahrene Abläufe in Frage stellen (Hurrelmann und Bründel 2007). Um dies zu verhindern, werden sie durch subtile Maßnahmen zur Anpassung angehalten und zur Übernahme der kollegiumsinternen Gepflogenheiten gedrängt.

Führungsverantwortung der Schulleitung

Was stimmt in diesen Kollegien nicht? Es ist die atmosphärische Stimmung, die eher einem Gegeneinander als einem Miteinander der Kollegen ähnelt. Welche Maßnahmen können helfen? Die Schulleitung und jeder einzelne in der Lehrerschaft sind gefragt und können ihren Beitrag leisten. Es ist wichtig, dass sich die Kollegen ihre Vorurteile bewusst machen und sich mit ihren eigenen blinden Flecken auseinandersetzen. Die Schulleitung hat die Verantwortung für die Durchführung der Bildungs- und Erziehungsarbeit an der Schule, diese Verantwortung kann sie nicht delegieren. Sie muss auch den Mut und die Durchsetzungsfähigkeit haben, den einzelnen Kollegen durch formale Machtmittel dazu zu bringen, im Kollegium abgestimmte Beschlüsse zu befolgen und im Sinne eines allseits akzeptierten Schulprogramms zu arbeiten. Sie muss ihre Führungsverantwortung aktiv ausüben, sie ist der Chef im Kollegium. Selbstverständlich kommt es dabei auf den Führungsstil an, der kooperativ sein sollte. Die Schulleitung muss kleinere Konflikte erkennen können, bevor sie sich ausweiten. Konflikte neigen dazu, sich zu verhärten, wenn sie nicht gelöst werden.

Glasl (2004) beschreibt ein Phasenmodell der Eskalation, deren letzte Stufe die totale Konfrontation der Konfliktpartner ist, bei der es kaum noch eine Lösung geben kann. Konflikte im Kollegium entstehen häufig im Kleinen, es geht dabei meistens um Unstimmigkeiten, Widersprüche und Kränkungen Einzelner, die sich dann negativ auf die Zusammenarbeit aller auswirken. Eine sensible Schulleitung, die sich nicht in ihrem Schulleitungszimmer abkapselt, erspürt eine solch negative Stimmung und spricht sie direkt an. Ausgangspunkt ist immer die Wahrnehmung der »schlechten Luft«, das Ansprechen derselben sowie die Ermutigung aller, Gefühle und Gedanken auszusprechen. Ein solches Vorgehen ähnelt einer Metakommunikation in der Gruppe und wird auch als präventive Intervention bezeichnet. Sie dient dazu, sich anbahnende Konflikte frühzeitig zu erkennen und zu bearbeiten. Knapp, Neubauer und Wichterich (2004) geben detaillierte Hinweise, wie dabei konkret vorzugehen ist.

Die Schulleitung als Vermittler

Bei Konflikten zwischen zwei Kollegen kann die Schulleitung als Vermittler dienen und durch Wertschätzung beider Konfliktpartner zu einer friedlichen Lösung beitragen. Philipp und Rademacher (2002) zeigen vielfältige Wege zu besseren Beziehungen im Kollegium auf. Wichtigstes Merkmal dabei ist, die Beziehungsfragen von den Sachfragen zu trennen, sich nicht vorzeitig zu verschließen, sondern sich Lösungsmöglichkeiten offen zu halten.

Bei Konflikten der Schulleitung mit Einzelpersonen sollten Gespräche unter vier Augen geführt werden. Wenn die Schulleitung dabei selbst involviert, also eine der Konfliktparteien ist, darf sie nicht der Gefahr erliegen, den Konflikt durch Machtausübung zu lösen, sondern muss entscheiden, ob es um eine persönliche Auseinandersetzung oder um Fragen ihrer Führungsverantwortung geht. Nur bei letzterer sollte sie sich per Amtsausübung durchsetzen. Der Konfliktpartner darf jedoch nicht gedemütigt, sondern müsste motiviert werden, sich an Vereinbarungen zu halten. Bei aller Wertschätzung des Kollegen darf Schulleitung nicht ihre Führungsaufgabe aus den Augen verlieren. Es kommt darauf an, die eigene Zielsetzung zu verfolgen sowie auch das Wohlergehen des anderen zu berücksichtigen.

Wenn es um persönliche Anfeindungen geht, ist die Selbstreflexion besonders wichtig. Glasl (2007) spricht von der Schattenpersönlichkeit, dem Alltags-Ich und dem Höheren Selbst, den drei in jeder Person vorhandenen Wesenskernen. Bei der Schattenpersönlichkeit geht es um das Wissen und gleichzeitige Verdrängen eigener Schwächen, bei der Alltagspersönlichkeit um das tägliche Ringen und um das Sich Behaupten. Im Höheren Ich geht es um Ideale und Werte. Es gibt einen ständigen Kontakt zwischen den drei Persönlichkeitsanteilen, wobei je nach Situation der eine oder andere vorübergehend die Oberhand gewinnen kann. Dabei kann die Person der Illusion der Perfektion erliegen oder aber resignieren und sich »krampfhaft kasteien«. Beides ist für die Bewältigung von problematischen Zweierbeziehungen eher ungünstig. Glasl schlägt vor, bei der Selbstreflexion nach Ähnlichkeiten mit dem Anderen und auch nach dessen positiven Eigenschaften zu suchen, um so der Gefahr seiner Abwertung zu entgehen. Dieses Vorgehen bedarf der Supervision und Anleitung. Auch Schulleitungen sollten sich nicht scheuen, diese in Anspruch zu nehmen.

Feedback-Kultur

Ein wirksames Führungsinstrument, das in Schulen viel zu wenig genutzt wird, ist das Lehrer-Feedback. Viele Lehrer vermissen in ihrem Beruf Lob und Anerkennung und benötigen beides doch dringend. Von der Gesellschaft, Politikern, Journalisten erfahren sie fast nur Schelte, manchmal auch Häme, und werden überhäuft mit Anforderungen. Daher ist es umso wichtiger, dass sie sich wenigstens von der Schulleitung wahrgenommen und in ihren Leistungen anerkannt wissen. Jeder möchte in Erfahrung bringen, ob das, was er tut, auch von anderen registriert und wertgeschätzt wird, ganz besonders von der Schulleitung. Ähnlich wie Schüler brauchen Erwachsene die Rückmeldung auf ihr Verhalten und die Würdigung ihrer Leistung. Feedback kann Negatives im Sinne von Kritischem enthalten, sollte aber immer auch Positives beinhalten. Feedback zu geben, ist nicht so einfach. Es gilt dabei, einige Regeln zu beachten.

Feedback sollte:
- immer ehrlich und nicht aufgesetzt,
- angemessen, sachlich und konkret sein,
- persönlich und unter vier Augen gegeben werden.

Feedback hat das Ziel, dem Anderen Informationen darüber zu geben, wie er gesehen, ob seine Arbeit geschätzt oder kritisch betrachtet wird. Feedback motiviert, so weiter zu machen oder das Verhalten zu ändern. Damit letzteres geschieht, muss es aufbauend sein und an den Stärken des Betreffenden ansetzen. Die Worte sollten gut dosiert sein, zuviel auf einmal wäre ungünstig und würde seine Wirkung verlieren.

Delegation von Aufgaben

Ein anderes Führungselement ist die Verteilung von Aufgaben an Kollegen. Die Schulleitung muss nicht alles selbst machen. Die Delegation dient nicht nur der eigenen Zeitersparnis, sondern ist ein Zeichen des Vertrauens in die Fähigkeiten von Kollegen. Damit macht sich die Schulleitung die Kompetenz und Erfahrung ihrer Kollegen zunutze und stärkt diese wiederum in dem Gefühl, kooperativ mit der Schulleitung zusammenarbeiten und einen Beitrag für das Schulleben und die Schulorganisation leisten zu können. Durch Delegation und vielfältige Kooperationen entsteht ein günstiges Gruppenklima, der Einzelne erhält ein höheres Maß an persönlicher Akzeptanz und beruflicher Zufriedenheit.

Die Engagierten brennen aus

In einem Kollegium sind es erfahrungsgemäß immer dieselben Kollegen, die eine Vielzahl von Aufgaben übernehmen. Manche können nicht Nein sagen, sind für Innovationen zu begeistern, engagieren sich stark für Schulprogramme, arbeiten am Schulprofil aktiv mit und überfordern und verausgaben sich dabei.

Es ist bekannt, dass es gerade die Engagiertesten sind, die am häufigsten unter dem Burnout-Syndrom leiden, diejenigen, die am meisten für die Schule tun oder getan haben. Nur wer »entflammt« ist, kann auch »ausbrennen« (Hagemann 2009). Ferner sind es diejenigen, die mit großem Elan den Lehrerberuf angestrebt haben, voller Illusionen über das

Machbare in Schule gewesen sind und eine romantisierende Einstellung den Schülern gegenüber gehabt haben. Diese Vorstellungen sind dann im Laufe des Berufslebens realistischeren Einsichten gewichen, und es haben sich Enttäuschungen und Frustrationen eingestellt. Wenn die Lehrer dann noch auf eine Schulleitung treffen, die ihr ursprüngliches Engagement nicht wahrgenommen hat und ihre jetzige Befindlichkeit nicht bemerkt, dann rutschen sie in die Depression und werden dienstunfähig. Daher kann Schulleitung durch Wertschätzung, Anerkennung und Feedback viel tun, um diese Entwicklung zu verhindern.

Mobbing unter Schülern – ein subtil funktionierendes System

Die Schule ist neben der Familie und dem Freundeskreis die wichtigste Sozialisationsinstanz. In ihr verbringen Kinder und Jugendliche den größten Teil des Tages. Sie sind ständig in wechselnden Gruppen zusammen, können sich weder die Mitschüler noch die Lehrkräfte aussuchen, mit denen sie zusammen sein oder von denen sie unterrichtet werden wollen. Zwangsläufig kann es zu Konflikten miteinander und untereinander kommen, die, wenn sie ungelöst bleiben, zu einem Klima der Gewalt führen. Gewalt unter Schülern zeigt sich häufig in feindseligen Handlungen mit absichtlichem Schikanieren und systematischen verletzenden Demütigungen über einen längeren Zeitraum, die unter dem Begriff Mobbing oder auch Bullying zusammengefasst werden. Die Handlungen kommen oft in scheinbar harmlosen Tätigkeiten daher, die von Außenstehenden nicht so leicht zu erkennen sind, wie Hänseleien, Verspotten, Ausgrenzen, Übersehen, oft genug aber auch in gut beobachtbaren Tätigkeiten wie Schlagen, Stoßen, Verprügeln, Treten, Sachen entwenden.

Mobbing beruht auf einem Machtgefälle

Es handelt sich dabei um ein bestehendes Machtgefälle zwischen dem Täter (Mobber) und dem Opfer, das sich kaum gegen die Attacken wehren kann. Sein Selbstbewusstsein wird restlos zerstört, oftmals treten psychosomatische Beschwerden auf wie Bauchschmerzen, Albträume, Schlaflosigeit, Appetitlosigkeit bis hin zu Depressionen, die sich zu Aggressionen gegen sich und andere entwickeln können. Die Kehrtwendung gegen sich selbst, die Selbstentwertung und der Hass gegen andere

4. Ein dritter Schritt in der Gewaltprävention

zeigen sich im Suizid- oder Amokgeschehen. Die Dynamik, die beidem zugrunde liegt, wird in den Kapiteln 6 und 7 näher erörtert.

Die Mobbingtäter, meist männliche Schüler, kompensieren durch ihr Tun eigene Schwächen, demonstrieren Stärke und sind zugleich auf die Mittäterschaft anderer, zumindest deren Billigung angewiesen. Auch Mädchen gehören zu den Mobbern. Ihre Mobbingaktionen sind allerdings mehr psychischer denn physischer Natur: sie hänseln, verspotten, schließen aus und verbreiten Gerüchte. Bei beiden Geschlechtern stabilisiert sich das Mobbinggeschehen in einem subtil funktionierenden System aus Tätern, Assistenten, Zuschauern und Opfern.

Seit einigen Jahren gibt es neue Formen des Mobbens, und zwar auf elektronischen Wegen: mit dem Handy per SMS und mit dem Internet per E-Mail. Gerüchte, meistens Gehässigkeiten, werden verbreitet oder gar private Fotos verschickt und ins Internet gestellt. Dies sind ausgesprochen verletzende und demütigende Formen psychischer Gewalt – und für viele Schüler weit schlimmer als dem Mobber Aug in Aug gegenüber zu stehen. Sie fühlen sich wehrlos, kennen den Urheber der Gerüchte nicht, die per Handy oder Internet verbreitet worden sind, und können daher auch nicht gegen ihn angehen. Es ist eine versteckte Form von anonymer Bosheit, die vor allem von Mädchen und Mädchen-Cliquen genutzt wird.

Mobbing unter Schülern wird von Lehrern oft nicht bemerkt und obendrein verharmlost, wenn sie dessen gewahr werden. Mobbingopfer schämen sich und vertrauen sich nur selten ihren Mitschülern oder Lehrern an. Mobbing dauert oft jahrelang und kann zu erheblichen Traumatisierungen und sogar zu eruptiven Gewaltausbrüchen führen. Die psychischen und gesundheitlichen Folgen können sehr ausgeprägt sein und Depressionen sowie Suizidgedanken hervorrufen. Recherchen zu den Persönlichkeiten von Amokläufern zeigen, dass fast alle in ihrer Vorgeschichte Erfahrungen als Mobbingopfer erlitten hatten. Sie hatten Kränkungen und Schikanen verschiedenster Art erlebt und waren fast alle Außenseiter (s. Kap 7). Es gilt, die fatale Entwicklung vom Opfer zum späteren Täter und zu Gewaltanwendungen gegen sich oder andere zu stoppen.

Opfer und Täter

Die Mobbingopfer sind tendenziell sensibler und physisch schwächer als die Täter. Zudem haben sie meist ein geringeres Selbstwertgefühl. Sie kommen oft aus einer überbehütenden Familienstruktur und haben Angst, sich zu wehren. Es liegt nicht an etwaigen äußerlichen Auffälligkeiten – wie oft angenommen wird –, dass sie Opfer werden, sondern allenfalls an ihrem Außenseiter- und Einzelgängerverhalten, an ihrer Isolierung und daran, dass sie wenig Freunde und aktive Unterstützer in der Klasse haben. Daher benötigen sie Hilfe von außen mit dem Ziel, ihr Selbstbewusstsein und ihre soziale Kompetenz zu stärken.

Die Mobbingtäter wiederum haben eine positive Einstellung zu Gewalt und zeichnen sich durch ein starkes Bedürfnis aus, Macht über andere auszuüben, daher sind ihnen physisch unterlegene Schüler mit einer Abneigung gegen Gewaltausübung geradezu willkommen.

Mobbing muss öffentlich gemacht werden

Mobbing muss öffentlich gemacht und aus der allseitigen Verschwiegenheit und Mittäterschaft ans Tageslicht geholt werden. Das Opfer muss ermutigt werden, sich den Eltern und Lehrern anzuvertrauen und sein Leiden nicht länger aus Scham zu verbergen. Das Opfer braucht die tatkräftige Hilfe von Erwachsenen, gegen jede Art von Mobbing einzuschreiten. Es muss eine schulische Umgebung geschaffen werden, die von Respekt gegenüber dem Recht auf körperliche und seelische Unversehrtheit und von festen Grenzen gegenüber inakzeptablem Verhalten geprägt ist. Es muss allen Schülern klar sein, dass Mobbing nicht geduldet und mit klaren Sanktionen belegt wird.

Eine wirksame Anti-Mobbing-Strategie

Da gewaltaktive Reaktionsmuster und auch passive Verhaltensmuster meistens in der Familie erlernt worden sind, ist es unerlässlich, die Eltern mit einzubeziehen, und zwar die Eltern der Täter und der Opfer. Die Lehrer-, Schüler- und Elternebene muss miteinander vernetzt werden (Olweus 2006).

Eine wirksame Anti-Mobbing-Strategie in Schulen, die auf den Erfahrungen mit dem Ansatz von Olweus (2006) aufbaut und diese weiterentwickelt, wurde in Zusammenarbeit mit der Polizeilichen Kriminalprävention der Länder und des Bundes formuliert (Riedl und Laubert 2005). Sie besteht darin, die Zusammenarbeit mit den Eltern der betroffenen Schüler, ob Täter oder Opfer, in den Mittelpunkt zu stellen, damit diese auf ihre Kinder einwirken und das Mobbinggeschehen gestoppt wird. Verfahrensschritte sind folgende:

Wenn Mobbing wahrgenommen oder gemeldet wird, veranlasst der Klassenlehrer, dass sowohl das Opfer als auch der Täter das Geschehen aus ihrer Sicht schriftlich fixieren. Der Bericht kommt in die Schülerakten und dient als Ausgangspunkt für die nachfolgenden Einzelgespräche zwischen Lehrer und Schülern. Das Ergebnis wird schriftlich festgehalten und als Kopie an die Eltern der beteiligten Schüler geschickt, mit der Bitte, zum Mobbing schriftlich Stellung zu nehmen und mit ihren Kindern über das Geschehene zu sprechen. Es wird erwartet, dass die Eltern des Täters ihrem Kind vor Augen führen, welche Folgen Mobbing für das Opfer hat, und ihm unmissverständlich klar machen, dass er jegliches Mobbing zu unterlassen hat. Die Eltern des Opfers sollten ihr Kind stützen und es ermuntern, sich nicht einschüchtern zu lassen, auch nicht sich anzubiedern, sondern auf seine ihm ureigenen Ressourcen zurückzugreifen, diese als Stärken zu sehen, darauf zu vertrauen und auf diese Weise sein Selbstbewusstsein zu stärken. Allein das Wissen, dass die Eltern des Täters informiert worden sind und Stellung beziehen müssen, dass die Schule Bescheid weiß und handlungsbereit ist, kann im Opfer schon eine Erleichterung bewirken und zu einer Minderung seines Leidens führen. Das Opfer ist nicht mehr allein, es fühlt sich unterstützt. Es weiß, dass der Mobber unter Beobachtung steht und das allein gibt dem Gemobbten schon ein Gefühl der Sicherheit.

Dieser Ansatz ist zwar effektiv, weil er klare Konsequenzen enthält und auf die Kooperation mit Eltern setzt, aber es fehlt die Einbeziehung der Lerngruppe, wie Jannan (2008) zutreffend anmerkt. Er funktioniert außerdem nur, wenn der Mobber dem Opfer bekannt und dieses bereit ist, ihn zu benennen.

Beim Mobbing per Handy und Internet ist dies nicht der Fall, da bleiben die Täter anonym. Aber es gibt Tipps, wie sich das Opfer verhalten kann, z. B.:
- In jedem Fall sich Eltern und dem Klassenlehrer anvertrauen
- Auf das Gerücht nie per E-Mail oder SMS eingehen oder gar antworten
- Nie selbst aus Rache zum elektronischen Mobber werden

- Keine privaten Fotos weitergeben, auch nicht an einen vermeintlich guten Freund
- Im Extremfall Handy-Nummer und E-Mail-Adresse wechseln und nur an vertrauensvolle Personen weitergeben

Das Freiburger Anti-Mobbing-Konzept (AMK) kann ebenfalls angewendet werden, wenn sicht- und hörbares Mobbing in der Klasse stattfindet. Sein Ziel ist vor allem die Verbesserung des Klassenklimas insgesamt (Kasper und Heinzelmann-Arnold 2008). In Klassen bilden sich sog. Helfergruppen, die sich verpflichten einzugreifen, wenn sie bemerken, dass jemand in ihrem Umfeld geärgert oder feindselig behandelt wird. Sie erhalten einen Helferpass, auf dem sie ihre Interventionen aufschreiben können.

Die konkreten Schritte des Klassenlehrers beginnen mit einer Fragebogenerhebung unter den Schülern zum Thema Mobbing. Besonders dafür geeignet ist der Smob-Fragebogen von Kasper und Heinzelmann-Arnold (2008). Dann sollten kollegiumsinterne Konferenzen zum Ist-Zustand der Gewaltausprägung an der jeweiligen Schule und zur Thematik Gewaltprävention folgen. Eine Schulkonferenz zur Beschlussfassung eines gemeinsamen Handlungskatalogs schließt sich an.

Arbeitsgruppen sollten sich mit Schwerpunktthemen befassen, wie z. B. verstärkte Pausenaufsicht und schönere Gestaltung des Schulhofes oder auch Elterninformation und -kooperation. Auf der Klassenebene sollte die Thematik des Mobbens besprochen werden. Bei Gesprächen mit der Klasse besteht das Problem, die Opfer durch Namensnennung noch mehr zu stigmatisieren. Daher sollen keine speziellen Namen genannt werden. Hier ist größte Sensibilität vonseiten der Klassenlehrer geboten. Die Opfer lehnen es oft ab, dass Klassengespräche geführt werden, weil sie fürchten, dass es dann noch schlimmer wird. Vielfach wird ihrem Wunsch vorschnell entsprochen, die Klasse oder gar die Schule zu wechseln. Die Erfahrung zeigt aber, dass das Mobbing auch in einer neuen Umgebung häufig weitergeführt wird, dass sich die Opfer nicht allein aus ihrer Situation befreien können. Wer bis zur Mittelstufe langfristig Opfer war, bleibt häufig in dieser Rolle.

Der Klassenlehrer sollte mit seinen Schülern über die möglichen seelischen Folgen beim Mobbingopfer sprechen, sie auffordern, Mobbing nicht hinzunehmen und nicht zuzusehen, sondern etwas dagegen zu unternehmen. Er muss an die Assistenten, die Mitläufer, die Zuschauer appellieren und gegebenenfalls Maßnahmen ankündigen. Er muss den Mobbern aktiv entgegentreten. Der Klassenlehrer sollte sich als ersten Ansprechpartner zur Verfügung stellen und dem Opfer dadurch zeigen, dass er bereit ist, zu helfen und gegen Mobbing einzuschreiten. Opfer sollten nicht aus falscher Scham zögern, sich anzuvertrauen, denn, so muss verdeutlicht werden, wenn sie schweigen, wird niemand den Mobbern Einhalt gebieten.

Kartenfeedback im Unterricht

Heinzelmann-Arnold arbeitet im Unterricht erfolgreich mit Kartenfeedback, um die Beziehungen zwischen den Schülern zu stärken (Kasper und Heinzelmann-Arnold 2008). Mit der Methode geben sich Schüler gegenseitig Rückmeldung darüber, wie sie sich gefühlt haben. Es gibt unterschiedlich farbige Karten für unterschiedliche Rückmeldearten, z. B.:
- sich freuen
- sich ärgern
- wütend sein
- sich etwas wünschen
- sich entschuldigen

Damit Schüler lernen, Feedback so zu formulieren, dass der andere es annehmen kann, stehen Formulierungshilfen für die unterschiedlichen Anlässe bereit, die dann von den Schülern mündlich ergänzt werden können, z. B.: »Ich habe mich gefreut, als du ...« oder »Ich wünsche mir von dir ...« oder »Ich habe mich geärgert, als du ...«. Die Schüler sitzen dabei im Kreis und holen sich jeweils bis zu drei Karten, die sie anderen Schülern geben möchten. Sie gehen nacheinander zu dem betreffenden Schüler, überreichen ihm eine Karte und sprechen ihn direkt an. Bei dieser Methode liegt der Schwerpunkt auf der Herstellung eines Klimas, in dem sich die Schüler wohlfühlen. Sozial kompetente Schüler, die sog. Anti-Mobbing-Coaches, unterstützen dieses Vorhaben.

Die Methode der Streitschlichtung ist beim Mobbing in den meisten Fällen nicht angebracht, da es kein Gleichgewicht zwischen Mobber und Gemobbten gibt. Sehr häufig sind die Täter auch nicht an einer einvernehmlichen Lösung interessiert und suchen schon aus diesem Grund die Streitschlichtung nicht auf. Mobbing in der Schule kann jedoch durch gezieltes und aktives Eingreifen von Lehrern und Eltern gestoppt werden, ebenso durch das ständige Bemühen von Lehrern und Schülern, ein gutes Klassenklima herzustellen.

Weiterführendes

Glasl, Friedrich: Konfliktmanagement. Ein Handbuch für Führungskräfte, Beraterinnen und Berater. 8. akt. u. erg. Aufl. Huber Verlag 2004.

Glasl, Friedrich: Selbsthilfe in Konflikten. Konzepte – Übungen – Praktische Methoden. Verlag Freies Geistesleben Stuttgart 2007.

Hagemann, Wolfgang: Burnout bei Lehrern. Ursachen, Hilfen, Therapien. Beck'sche Reihe 2009.

Hurrelmann, Klaus/Bründel, Heidrun: Gewalt an Schulen. Pädagogische Antworten auf eine soziale Krise. 2. Aufl. Beltz 2007.

Jannan, Mustafa: Das Anti-Mobbing-Buch. Gewalt an der Schule – vorbeugen, erkennen, handeln. Beltz 2008.

Kasper, Horst/Heinzelmann-Arnold, Irene: Schülermobbing – Tun wir was dagegen. Smob-Fragebogen mit Anleitung und Auswertungshilfen. Klasse 5–13. AOL im Persen Verlag 2008.

Knapp, Rudolf/Neubauer, Walter/Wichterich, Heiner: Dicke Luft im Lehrerzimmer. Konfliktmanagement für Schulleitungen. Luchterhand 2004.

Riedl, Armin/Laubert, Volker: Herausforderung Gewalt. Hrsg.: Zentrale Geschäftsstelle der Polizeilichen Kriminalprävention der Länder und des Bundes 2005.

Olweus, Dan: Gewalt in der Schule. Was Lehrer und Eltern wissen sollten und tun können. 4. Aufl. Huber 2006.

Paseka, Angelika: Der Arbeitsplatz Schule aus Sicht von Berufsanfänger/innen. In: Journal für Schulentwicklung, 9, Heft 2, 46–52, 2005.

Philipp, Elmar/Rademacher, Helmolt: Konfliktmanagement im Kollegium. Arbeitsbuch mit Modellen und Methoden. Beltz 2002.

5. Ein vierter Schritt in der Gewaltprävention: Für eine Konfliktkultur an Schulen

- Peer-Mediation
- Täter-Opfer-Ausgleich
- Schulschiedsstellen

Peer-Mediation

Konflikte unter Schülern lassen sich nicht verhindern. Sie tauchen in jeder sozialen Gemeinschaft auf. Wenn Schüler sich streiten und in Konflikte verwickelt sind, dann reagieren sie häufig emotional. Sie schreien sich an, beleidigen sich gegenseitig und schlagen schnell zu. Streitigkeiten, die meistens klein anfangen, bleiben bestehen und weiten sich zu handfesten Konflikten aus, die dann auch handgreiflich ausgetragen werden. Um dies zu verhindern, müssen Schüler befähigt werden, friedliche Konfliktlösungen auszuhandeln und sich dabei sachgerecht und fair zu verhalten. Der Gedanke basiert auf dem Harvard-Konzept, das die Verhandlung in den Mittelpunkt stellt und die Kontrahenten ermuntert, nicht um Positionen zu kämpfen, sondern sich auf ihre Interessen zu konzentrieren (Fisher, Ury und Patton 2004).

Die Peer-Mediation oder auch Streitschlichtung von Schülern für Schüler wird schon seit Jahren erfolgreich von vielen Schulen eingesetzt. Sie ist integraler Bestandteil des Schullebens und der Schulkultur geworden und hat das Ziel, die soziale Kompetenz der Schüler zu stärken. Peer-Mediation ist ein hervorragendes Verfahren, um kleinere Probleme unter Schülern friedlich beizulegen, bevor sie sich zu großen Problemen auswachsen, und zugleich ist sie ein Verfahren, das von Schülern für Schüler eingesetzt wird (Rademacher 2007). Damit trägt sie der Erfahrung Rechnung, dass viele Schüler ihre Streitigkeiten lieber von Gleichaltrigen schlichten lassen als von Lehrern.

Peer-Mediation ist ein Verfahren zur konstruktiven Konfliktlösung, bei der eine dritte Person (ein Schüler) die Aufgabe hat, zwischen den Konfliktparteien (zwei Schüler) zu vermitteln bzw. beiden zu helfen, eine einvernehmliche Lösung zu finden. Die Lösung wird nicht etwa vorgegeben, sondern von beiden in einem Lösungsprozess erarbeitet. Der Mediator führt durch den Prozess, ist an dem Konflikt selbst nicht beteiligt, sondern vermittelt als neutraler Dritter. Er sorgt für die Einhaltung der Gesprächsregeln und den friedlichen Ablauf.

Die Regeln für die beiden Streitpartner lauten:
- Ich lasse den anderen ausreden.
- Ich unterbreche ihn nicht.
- Ich höre dem anderen zu.
- Ich wiederhole, was der andere gesagt hat.
- Ich bemühe mich, eine Lösung für den Streit zu finden.

Zu einem Mediationsgespräch kommen die Konfliktpartner freiwillig, sie können dazu nicht gezwungen werden. Der Wille, zu einer einvernehmlichen Lösung zu kommen, ist Voraussetzung für das Gespräch. Sie wissen, dass das Gespräch bei Handgreiflichkeiten abgebrochen wird.

Das Mediationsgespräch gliedert sich in bestimmte Phasen:
- Konfliktdarstellung
- Konflikterhellung
- Lösungsvorschläge
- Vereinbarung

In jeder Phase des Gesprächs achtet der Mediator darauf, dass die Gesprächsanteile beider in etwa gleich verteilt sind. Es gibt keine Wahrheit, sondern unterschiedliche Sichtweisen, die nebeneinander bestehen bleiben können. Der Mediator ist nicht der Richter, der das Urteil schuldig oder nicht schuldig spricht, sondern derjenige, der unparteiisch beide motiviert, herauszufinden, welches ihre Interessen und Bedürfnisse sind. Auf dieser Basis können Lösungsvorschläge gemacht werden, die dann in eine Vereinbarung münden.

Die Fähigkeiten des Streitschlichters

Es ist ersichtlich, dass Schüler für die Tätigkeit als Mediatoren eine besondere Ausbildung benötigen. Die Fähigkeiten eines Streitschlichters sind:
- Er verhält sich neutral.
- Er hält sich mit seiner eigenen Meinung zurück.
- Er lässt jede Partei zu Wort kommen.
- Er hört gut zu.
- Er fasst das Gehörte zusammen.

- Er fragt nach den Gefühlen.
- Er beruhigt.
- Er vermittelt.

Jefferys-Duden (2002, 2008) hat sowohl für Schüler der Grundschule als auch der Sekundarstufe I detaillierte Ausbildungskonzepte und Unterrichtseinheiten entworfen, um Schulen anzuregen, Streitschlichtung zu implementieren. Im Prozess des Gesprächsablaufs sieht sie vor allem die Förderung der Selbstregulation, der Emotionskontrolle sowie der Perspektivenübernahme als sehr wesentlich an. Der Perspektivenwechsel soll dem Schüler zeigen, wie der andere sich fühlt oder in dem Streit gefühlt hat. Dies fördert das Verständnis für den anderen und bahnt die Lösungsfindung an. Allein schon die Ausbildung der Schüler zu Streitschlichtern – so die Erfahrung – führt zu einer Verbesserung des Klimas, die dann noch gesteigert wird, wenn sie als Streitschlichter tätig sind.

Wege der Implementierung

Schulen gehen dabei unterschiedliche Wege: die einen lassen, bevor sie mit der Ausbildung der Schüler beginnen, ihre Lehrer zu Streitschlichtern ausbilden, die dann wiederum die Ausbildung der Schüler durchführen können. Manche Schulen bilden eine bestimmte Gruppe von Schülern zu Streitschlichtern aus, andere unterweisen Schüler aller Klassen in Konfliktlösung und Streitschlichtung. Beides ist möglich. Jefferys-Duden (2002) diskutiert die Frage, ob es nicht besser ist, alle Schüler einer Klasse oder eines Jahrgangs in konstruktiver Konfliktlösung auszubilden statt nur eine Expertengruppe. Wie man sich auch entscheidet, wichtig ist, eine kooperative Streitkultur in der Schule aufzubauen, die das Klima in der Schule prägt und von einem konstruktiven Interaktions- und Kommunikationsmuster durchdrungen ist. Letzten Endes profitieren Lehrer und Schüler gleichermaßen davon (Kaletsch 2003).

In fast allen Schulen beginnt die Planung zur Initiierung von Streitschlichtung mit einer Pädagogischen Konferenz, auf der die Idee den Lehrern vorgestellt wird. Dies kann entweder durch einen Lehrer, der sich sachkundig gemacht hat, durch den Lehrer einer anderen Schule, die schon Erfahrung mit dem Streitschlichterprogramm hat, oder auch durch einen Schulpsychologen geschehen. Fragen der inhaltlichen und organisatorischen Durchführung werden geklärt. Entscheidend ist die Zustimmung des Kollegiums und die Bereitschaft einzelner

Kollegen, sich selbst die einzelnen Schritte und Phasen der Mediation anzueignen und sich in kooperativer Gesprächsführung ausbilden zu lassen, sowie die Durchführung des Programms, d. h. die Ausbildung der Schüler, federführend zu begleiten. Ziel der Vorstellung im Kollegium ist, das Projekt anschaulich zu erläutern, denselben Informationsstand für alle zu schaffen und sich das »Okay« für alle weiteren Maßnahmen einzuholen.

Bevor die Streitschlichtung mit Schülern starten kann, vergehen erfahrungsgemäß etwa anderthalb Schuljahre. Das ganze Kollegium muss ausführlich darüber informiert und alle Schüler für die Möglichkeit einer Streitschlichtung sensibilisiert werden. Im Folgenden wird ein Ablauf geschildert, so wie er in einer Hauptschule stattgefunden hat, in der jeweils die Schüler der »9er« Klassen zu Streitschlichtern ausgebildet wurden, um dann in den »10er« Klassen die Streitschlichtungen selbstständig durchzuführen (Bründel, Amhoff, Deister 1999).

5. Ein vierter Schritt in der Gewaltprävention

Im ersten Jahr:

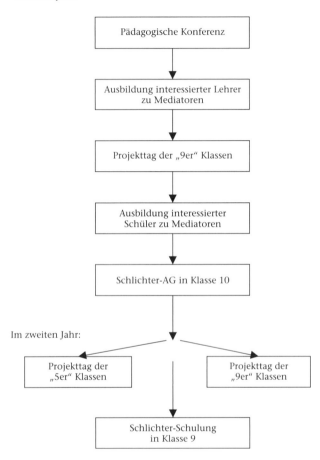

Die Ausbildung der interessierten Lehrer erfolgt durch Schulpsychologen. Dann wird der Gedanke der Streitschlichtung im Rahmen eines Projekttages den »9er«-Klassen vorgestellt, sodass möglichst viele Schüler motiviert werden, sich an der Schulung zu Streitschlichtern zu beteiligen. Schon das Training selbst, das sich über ein Jahr erstreckt, stellt für sie einen hohen Wert dar, denn ihre sozialen Kompetenzen werden gestärkt. Während die Projekttage Pflichtveranstaltungen für alle Schüler sind, gilt dies nicht für die Ausbildung zum Schlichter, die absolut freiwillig ist. Die zukünftigen Schlichter werden in kooperativer Gesprächsführung geschult und üben den Ablauf einer Streitschlichtung in Rollenspielen. Wenn sie dann Schüler der Klasse 10 sind, bilden sie eine Schlichter-AG und können von den jüngeren Schülern angefordert werden. Diese werden in Projekttagen darauf hingewiesen, dass es die Schlichtung an ihrer Schule gibt.

Projekttage

Die Projekttage haben das Ziel, möglichst viele Schüler für die Möglichkeit einer Streitschlichtung an ihrer Schule zu sensibilisieren, unabhängig davon, ob sie selbst einmal Schlichter werden oder später eine Schlichtung in Anspruch nehmen wollen. Die Projekttage werden gemeinsam von den ausgebildeten Lehrern und dem Schulpsychologen durchgeführt. Sie finden, wenn möglich, außerhalb der Schulräume in angenehmer Umgebung statt. Als Einstiegsmöglichkeit zum Thema Streitschlichtung bietet es sich an, Schüler in spielerischer Art über eigene Konflikte und auch deren Verläufe und Lösungen nachdenken zu lassen. Vertiefend werden verschiedene Konfliktstrategien vorgestellt und von den Schülern in Rollenspielen erprobt, um sie sowohl konstruktives als auch destruktives Verhalten erleben zu lassen. Trainingsmaterial sind eigene Konflikte, mit deren Lösungen Schüler soziale Kompetenzen erwerben können (Durach, Grüner und Napast 2002). Die Schüler erfahren, dass man durch Aushandeln zu Konfliktlösungen kommen kann und dass dabei die eigenen Gefühle und die des Streitpartners berücksichtigt werden müssen. Sie lernen, Ich-Botschaften zu senden, aktiv zuzuhören und zu paraphrasieren, eine Gesprächstechnik, die Lehrern und Schülern zunächst sehr fremd ist. Mit diesen Inhalten wird das Interesse an einer Ausbildung zu Streitschlichtern geweckt und sie erfahren, dass es Streitschlichter an ihrer Schule geben wird, an die sie sich im Konfliktfall wenden können (Jefferys-Duden 2002, 2008). Die Projekttage werden methodisch abwechslungsreich, schülerzentriert und handlungsorientiert durchgeführt (Müller 2001; Reinbold 2002).

Auf die Projekttage folgt dann die eigentliche Ausbildung der zukünftigen Streitschlichter. Wie diese konkret aussehen kann, beschreibt Jefferys-Duden sowohl für die Grund- als auch für die weiterführende Schule (2002, 2008).

Mediation bietet einen wesentlichen Beitrag zur Gewaltprävention, denn sie verändert das Klima in der Schule positiv und führt zu einer Konfliktkultur, die – im Idealfall – von allen Lehrern und Schülern mit getragen wird. Die Ausbildung zum Streitschlichter ist auch deswegen bei Schülern begehrt, weil sie darüber ein Zertifikat erhalten, das sie bei der Bewerbung um einen Ausbildungsplatz vorzeigen können. Eine solche Bescheinigung wirkt als Plus bei der Auswahl von Bewerbern.

Täter-Opfer-Ausgleich

Der Täter-Opfer-Ausgleich (TOA) kann ebenfalls im Mediationsraum der Schule durchgeführt werden, allerdings sollte der Mediator ein Lehrer sein, da es hierbei eindeutig um das Vertreten von Regeln, Normen und Werten geht. Der Mediator nimmt zum Streit- oder Gewaltvorfall deutlich Stellung und bezieht Position. Er setzt klare Maßstäbe und bietet den Schülern dadurch Orientierung. Der TOA unterscheidet sich von der Mediation vor allem durch seine Zielsetzung, ist aber ansonsten in Bezug auf den Ablauf und die Gesprächsführung mit der Mediation wesensverwandt. Es geht allerdings nicht wie bei der Mediation um einen Interessensausgleich, sondern es wird ganz eindeutig eine Lösung angestrebt, die mindestens eine Entschuldigung des Täters und eine Wiedergutmachung beim Opfer einschließt. Außerdem ist der TOA nicht freiwillig, sondern verpflichtend. Ein weiterer Unterschied ist, dass es sich dabei nicht um »Verständnis«, sondern um »Verantwortungspädagogik« handelt. Im Mittelpunkt steht das Opfer.

Wann ist TOA angebracht?

TOA wird vor allem bei folgenden Vorfällen angewendet sowie bei Intensivtätern und bestimmten Tätereinstellungen, die eine einverträgliche Lösung mit dem Opfer von vornherein ausschließen (Durach, Grüner und Napast 2002):
- Sachbeschädigungen
- Diebstahl
- einseitige Gewaltanwendung
- fehlende Lösungsbereitschaft
- fehlendes Einfühlungsvermögen

Ein wesentlicher Unterschied zwischen Streitschlichtung und TOA ist, dass letzterer Sanktionen verhängen kann, z. B.
- eine Entschuldigung, eventuell auch öffentlich
- Wiedergutmachung durch max. 20 Sozialstunden
- Schadensersatz
- Handy-Verbot
- Verpflichtung zum Besuch einer Beratungsstelle

Durch den TOA wird der Täter mit seiner Tat konfrontiert und für sein Verhalten verantwortlich gemacht. Im TOA sieht er sich dem Opfer gegenüber und erlebt, wie es diesem durch die Tat ergangen ist. Auch wenn er nicht bereit ist, die Verantwortung zu übernehmen, so erfährt er doch, dass sein Verhalten Konsequenzen hat und er diese tragen muss, ob er will oder nicht. Durch die Gesprächsführung des Mediators erfährt der Täter, dass er als Person nicht abgelehnt, sondern dass sein Verhalten nicht gebilligt wird. Genau dies macht den Unterschied zwischen Strafe und konsequentem Verhalten aus. Auch wenn der Täter keine Einsicht zeigt, muss er die Wiedergutmachung leisten. Durach, Grüner und Napast (2002) weisen darauf hin, dass man Einsicht nicht »verlangen« kann, dass sie sich oft erst nach der Tat und eventuell lange nach der Wiedergutmachung einstellen kann. Einsicht »reift« heran und ist die Folge eines Lernprozesses. So wie manche Schüler mehrmals Konfliktgespräche durchlaufen, bis sie gelernt haben, Konflikte selbst und friedlich zu lösen, so müssen Intensivtäter lernen, dass auf gewalttätiges Verhalten Konsequenzen folgen.

Die Arbeit mit aggressiven und gewalttätigen Schülern ist oft mühsam und fordert Lehrer in der Schule in besonderer Weise heraus. Mediation und TOA bieten wegen ihres kooperativen Ansatzes die besten Voraussetzungen für friedliche Konfliktlösungen und die Aufrechterhaltung von Wertemaßstäben.

Schulschiedsstellen

Eine ganz andere Art des Einschreitens bei Regelverstößen, respektlosem und aggressivem Verhalten wird als Pilotprojekt der Landesregierung NRW seit Beginn des Schuljahres 2007/2008 von sog. Schulschiedsstellen praktiziert. Schulschiedsstellen sind an Schulämtern angesiedelt und für alle Schulen und Schulformen des Schulamtsbezirks zuständig (Ohlendorf 2008).

5. Ein vierter Schritt in der Gewaltprävention

Schulschiedsstellen setzen sich aus jeweils drei Schülern und einem Sozialpädagogen zusammen. Die Schüler sind für ihre Aufgabe besonders ausgebildet worden und haben von Jugendrichtern und Schulrechtlern grundlegende Informationen über das Straf- und Schulrecht erhalten. Sie haben zusätzliche Trainings in Gesprächsführung und Konfliktverhalten durchlaufen. Es handelt sich um ausgewiesene sozial kompetente Schüler, die bereit sind, Gleichaltrigen zu helfen, sich an Regeln zu halten, indem sie an ihr Rechts- und Verantwortungsbewusstsein appellieren, ihnen dabei aber auch klare Grenzen aufzeigen. Pro Schulamtsbezirk werden jeweils sechs Jugendliche ausgebildet, wobei darauf geachtet wird, dass sowohl Mädchen und Jungen, Schüler mit Migrationshintergrund und Schüler verschiedener Schulformen darunter sind.

Folgende Regelverstöße können vor einer Schulschiedsstelle verhandelt werden:
- Fehlverhalten gegenüber Mitschülern: Gewalt, Mobbing, Beschimpfung
- Fehlverhalten gegenüber Lehrkräften: Beschimpfung, Beleidigung
- Beschädigung von Eigentum
- Rangeleien im Schulbus
- Unentschuldigtes Fernbleiben vom Unterricht
- Häufiges Stören des Unterrichts

Schulschiedsstellen werden jeweils von der Schulleitung der Schule, die der Täter besucht, angerufen. Die Teilnahme an einer Schulschiedsstelle ist zwar freiwillig, lehnt der Täter sie jedoch ab, werden von der Schule Ordnungsmaßnahmen nach dem Schulgesetz angeordnet. Er kann sich nun entscheiden, was er möchte. Seine Eltern können ihn zur Schiedsstelle begleiten. Dadurch, dass jedoch Gleichaltrige mit Gleichaltrigen verhandeln, erhofft man sich einen positiven Einfluss auf die Entscheidung des Täters.

Erste Erfahrungen zeigen, dass es schon bei Jugendlichen eine Wirkung hinterlässt, wenn sie ins Schulamt gebeten werden und dort Gleichaltrigen gegenüber sitzen und ihnen über die Hintergründe und den Ablauf ihrer Tat Rechenschaft ablegen müssen. Das allein ist schon etwas anderes als ›nur‹ im Mediationsraum der eigenen Schule zu sitzen. Es ist auch beeindruckend für die Eltern, wenn sie ihre Kinder zur Schiedsstelle begleiten.

Das Projekt ist in dieser Form bundesweit einmalig. In Nordrhein-Westfalen gibt es bislang 22 solcher Schiedsstellen. Sie werden durch das Schulgesetz in NRW ermöglicht, das eine Mitarbeit von Schülern im Rahmen der Schulkonferenz ausdrücklich vorsieht. Dabei kann es z. B. um Fragen der Einführung eines neuen Schulprogramms, um Grundsätze im Umgang mit Erziehungsschwierigkeiten und den Abschluss von Bildungs- und Erziehungsvereinbarungen gehen. Es ist ausdrücklich erwünscht, dass sich Schüler, Eltern und Lehrer auf gemeinsame Erziehungsziele und -grundsätze verständigen (Ohlendorf 2008).

Ob und wie erfolgreich Schulschiedsstellen in Zukunft arbeiten werden, kann an dieser Stelle abschließend noch nicht beurteilt werden. Es ist ein neuer Ansatz, der Schüler mehr als bisher, und zwar mit Sanktionsbefugnis, in die Erziehungsarbeit einbezieht.

Auch wenn sich Streitschlichtung, TOA und Schiedsstellen in der Art der Durchführung erheblich voneinander unterscheiden, so ist ihnen doch der präventive und gleichzeitig interventive Ansatz gemeinsam.

Weiterführendes

Bründel, Heidrun/Amhoff, Birgit/Deister, Christiane: Schlichter-Schulung in der Schule. borgmann 1999.

Durach, Bärbel/Grüner, Thomas/Napast, Nadine: Das mach ich wieder gut. Mediation-Täter-Opfer-Ausgleich – Regellernen. AOL 2002.

Fisher, Roger/Ury, William/Patton, Bruce: Das Harvard-Konzept. Sachgerecht verhandeln – erfolgreich verhandeln. Campus 2004.

Glasl, Friedrich: Selbsthilfe in Konflikten. Konzepte – Übungen – Praktische Methoden. Verlag Freies Geistesleben 2007.

Jefferys-Duden, Karin: Konfliktlösung und Streitschlichtung. Das Sekundarstufen-Programm. 2. Aufl. Beltz 2002.

Jefferys-Duden, Karin: Das Streitschlichter-Programm. Mediatorenausbildung für Schüler/innen der Klassen 3–6. Beltz 2008.

Kaletsch, Christa: Konstruktive Konfliktkultur. Förderprogramm für die Klassen 5 und 6. Beltz 2003.

Müller, Uta E. C.: Schule – Konflikte – Mediation. Zwei Trainingsprogramme zu Streitschlichtung und Lebenskompetenzförderung an Schulen. Emwe-Verlag 2001.

Ohlendorf, Mita: Schulschiedsstellen. Schülerinnen und Schüler setzen Grenzen. Ein Pilotprojekt des Ministeriums für Schule und Weiterbildung des

Landes Nordrhein-Westfalens. In: SchulVerwaltung spezial. Zeitschrift für Schulleitung und Schulaufsicht. 10. Jg., 4, S. 26–27, 2008.

Rademacher, Helmolt: *Leitfaden konstruktive Konfliktbearbeitung und Mediation. Für eine veränderte Konfliktkultur.* Wochenschau Verlag 2007.

Reinbold, Klaus-Jürgen (Hrsg.): *Konflikt-Kultur. Soziale Kompetenz und Gewaltprävention.* AGJ-Verlag 2002.

6. Ein fünfter Schritt in der Gewaltprävention: Für eine Stärkung der psychischen Gesundheit

- Suizid von Jugendlichen – ein Tabu in Schulen
- Sensibilisierung des Kollegiums für das Thema Suizid
- Stärkung der Persönlichkeit von Schülern als Bollwerk gegen Suizidgefährdung
- Maßnahmen nach einem Schülersuizid

Suizid von Jugendlichen – ein Tabu in Schulen

Das Thema »Schülersuizid oder auch -suizidversuch«, ob in der Schule selbst, in der Familie oder in ihrem Umfeld verübt, ist in Schulen weitgehend ein Tabu, über das nicht geredet wird. Jeder Suizid eines Jugendlichen löst bei Eltern, Klassenkameraden und Lehrern Erschrecken und quälende Schuldgefühle aus, weil nichts bemerkt wurde und man nicht helfen konnte. Oft werden Suizide mit Stillschweigen und Verdrängungsimpulsen übergangen. Die Schulleitung bangt um das Image ihrer Schule und befürchtet, dass die Tat möglicherweise mit Leistungsdruck, zu strenger Zensurenvergabe, etwaiger Klassenwiederholung oder einer schlechten Lehrer-Schüler-Beziehung in Zusammenhang gebracht werden könnte. In Schulen werden die Themen »Suizid«, »Tod von Schülern« oder auch »Krankheit mit Todesfolge« häufig verdrängt, und Lehrer vermeiden es, sich damit näher auseinanderzusetzen.

Suizide unter Jugendlichen gehören zu den zweithäufigsten Todesursachen. Da Jugendliche im Alter von 10 bis 20 Jahren normalerweise die Schule besuchen, ist jeder Suizid gleichzeitig ein ›Schülersuizid‹, ohne damit schon irgendetwas über Anlass oder Ursache auszudrücken.

Häufigkeit von Suiziden in den letzten Jahren in absoluten Zahlen:

		Jahresangaben			
Altersangabe	Geschlecht	2004	2005	2006	2007
10 bis unter 15	Jungen Mädchen	15 6	17 7	18 7	14 9
15 bis unter 20	Jungen Mädchen	165 41	161 43	149 39	141 43

Es wird dreierlei deutlich: Erstens ist die Häufigkeit der Suizide bei Jungen beider Altersgruppen sehr viel höher als bei Mädchen, zweitens steigt sie mit dem Alter rapide an, bei Jungen wiederum sehr viel stärker als bei Mädchen, und drittens ist sie über die letzten Jahre relativ konstant.

Die Anzahl der Suizide von Jugendlichen und damit auch der Schülersuizide ist erschreckend hoch. Suizide ereignen sich selten spontan, sie haben meistens eine lange Vorgeschichte. Der Suizidexperte Ringel (1986, 2004) spricht vom Selbstmord (Suizid) als dem Abschluss einer krankhaften Entwicklung, deren Symptome vorher erkannt werden können. Damit wird ausgedrückt, dass es Anzeichen dafür gibt, wenn sich Schüler in einer verzweifelten Situation befinden und mit ihrem Leben Schluss machen wollen. Diese frühzeitig zu erkennen, ist vorrangig Aufgabe der Eltern, aber auch Lehrer und Klassenkameraden können darauf aufmerksam werden. Damit dies geschehen kann, muss jedoch ein Mindestmaß an Hintergrundwissen über Entstehungsbedingungen und Ursachen vorhanden sein.

Gefährdungspotenzial in der Jugendphase

Die Lebensphase Jugend ist per se eine Phase der Gefährdung, denn sie stellt hohe Anforderungen an die Jugendlichen: Sie müssen mit den Veränderungen ihres Körpers fertig werden und ihn so akzeptieren, wie er ist. Es wird von ihnen erwartet, dass sie freundschaftliche Beziehungen zu Altersgenossen beiderlei Geschlechts aufbauen, eine gewisse emotionale Unabhängigkeit von den Eltern gewinnen, schulische Leistungen erbringen und sich auf das Berufsleben vorbereiten.

In allen Erwartungsbereichen, Familie, Schule, Freundeskreis, sind Probleme, Konflikte und Widersprüche vorprogrammiert. Schon die Akzeptanz des eigenen Körpers bereitet vielen Jugendlichen große Schwierigkeiten, ganz zu schweigen von der sexuellen Orientierung, die bei circa zehn Prozent von derjenigen der Mehrheit der Jugendlichen abweicht. Homosexualität wird immer noch von einem großen Teil der Bevölkerung als Problem angesehen. In der Schule wird Homosexualität nicht thematisiert, allenfalls im Biologieunterricht und dann vorzugsweise unter der Rubrik »Abweichendes Sexualverhalten«. Schüler und Lehrer (denn auch unter ihnen gibt es Homosexuelle) wagen es nicht, sich zu outen, aus Angst vor Ressentiments und möglichen Repressalien. Es gibt eine weithin unterschätzte Verbindung von Homosexualität und Suizid (Bründel 2004). Die innere Not der Jugendlichen, die Angst vor Entdeckung und das ewige Versteckspiel setzen ihnen sehr zu. Es ist dringend erforderlich, dass sich Schulen des Themas annehmen und dazu beitragen, es zu enttabuisieren, um die Diskriminierung zu beenden.

Auch die Familien sind für Jugendliche nicht immer ein Ort der Geborgenheit. Familienkonflikte gehören zu den wichtigsten Einflussfaktoren für Suizidgefährdung. Zudem gibt es in Familien eine Vielfalt physischer, psychischer und sexueller Gewalteinwirkungen. Davon hat Schule oft keine Kenntnisse, weil sich die Jugendlichen schämen und darüber nicht sprechen. Aber bei vielen jungen Menschen vollzieht sich langfristig eine Entwicklung hin zu Depressionen, Suizidtendenzen und Suizidversuchen (Bründel 2004a).

Die Schule selbst ist für Jugendliche mit ihren Leistungsansprüchen, der Notenvergabe und den Versetzungszeugnissen ein krisenanfälliger Bereich, der sich zu einem Stressor ersten Ranges ausweiten kann. Schule verursacht nicht das Suizidgeschehen, trägt aber in erheblichem Maße zu Belastungsgefühlen der Schüler bei. Wenn alle vorherigen Gefährdungsfaktoren zusammenkommen und sich verdichten, dann kann eine Nichtversetzung, ein Nichtbestehen des Abiturs, ja eine schlechte Note oder gar eine abfällige Bemerkung des Lehrers das Fass zum Überlaufen bringen. Ringel (2004) vergleicht das psychische Geschehen mit einer Lawine, die ins Rollen gebracht wird.

Auch die Peergruppe kann eine Quelle von großen Belastungen für Jugendliche sein, vor allem dann, wenn sie sich ihr nicht zugehörig fühlen oder von ihr nicht anerkannt werden. Viele Jugendliche sind isoliert, fühlen sich als Außenseiter, haben kein soziales Netz, ziehen sich immer mehr in sich zurück und kapseln sich ab. Der Rückzug aus dem Freundeskreis bzw. das Nichtdazugehören ist ein Alarmsignal, das auf die Gefährdung hinweist.

Alarmsignale der Suizidgefährdung

Wer es sagt, tut es nicht. Dieser Satz ist falsch, denn fast alle Jugendlichen, die sich mit Suizidgedanken tragen, drücken ihre Not in irgendeiner Weise aus.

Alarmsignale können auf der verbalen und der Verhaltensebene gegeben werden:

Verbale Ebene	Verhaltensebene
»Ich mag nicht mehr.«	Rückzug
»Ich habe keinen Bock mehr.«	Energieverlust
»Ich habe die Probleme satt.«	Herumsitzen, nichts tun
»Ich will meine Ruhe haben.«	Vereinsaktivitäten aufgeben
»Am liebsten wäre ich tot.«	Leistungsversagen
»Ich will sterben.«	Geburtstagsfeiern absagen

Jugendliche senden diese Alarmsignale in der Hoffnung aus, dass sie gehört werden und sich in ihrem Leben etwas verändert. Es ist nicht leicht, diese Sätze und Verhaltensweisen als Indikator für Suizidabsichten wahrzunehmen, denn sie sind sporadisch typisch für jugendliche Ausdrucksweisen. Sie müssen in einem Gesamtzusammenhang gesehen und interpretiert werden.

Die Mehrzahl der Jugendlichen verbringt den größten Teil des Tages in der Schule. Damit kann sich die Hoffnung verbinden, dass Lehrer und Klassenkameraden auf eine sich abzeichnende negative psychische Entwicklung aufmerksam werden, denn fast alle Suizidgefährdeten kündigen ihre Absicht in irgendeiner Form an. Suizidankündigungen sind ein Hilferuf und haben Appellcharakter. Jugendliche möchten im Grunde auf sich aufmerksam machen, wollen, dass andere merken, wie schlecht es ihnen psychisch geht, aber gleichzeitig wollen sie dies auch nicht. Sie befinden sich in einer ambivalenten emotionalen Situation, zwei Gefühlsebenen existieren nebeneinander.

Sensibilisierung des Kollegiums für das Thema ›Suizid und Schule‹

Im Schulalltag wird das Thema Suizid aus Angst, man könnte das Ereignis herbeireden, ausgespart. Zur Prävention gehört aber auch die Beschäftigung mit ›Suizid und Schule‹. Es gilt Vorurteile zu beseitigen, die noch vielfach im Lehrerkollegium bestehen. Dazu empfiehlt es sich, eine kollegiumsinterne Konferenz zum Thema »Suizid und Schule« unter fachkundiger Leitung eines Schulpsychologen einzuberufen. Es ist ein sensibles Thema, weil es viele Kollegen persönlich berühren und eigene leidvolle Erlebnisse im Verwandten- oder Bekanntenkreis aufrühren kann. Dennoch ist es wichtig, z. B. mit der Frage einzusteigen: Was verbinde ich mit Suizid? Die Frage ermöglicht es, die eigenen Erfahrungen dazu, am besten in einem Partnergespräch, auszutauschen. Es kann eine Liste von Meinungen über Suizid ins Kollegium gegeben werden, mit der Bitte, anzukreuzen, ob man zustimmt oder ablehnt. Dies führt erfahrungsgemäß zu vertiefenden Gesprächen über Hintergründe und Psychodynamik des Suizidgeschehens.

Zur Korrektur der Antworten kann dieser Bogen herausgegeben und besprochen werden:

Meinungen über Suizid	Stellungnahme
Es steht jedem offen, sich das Leben zu nehmen. Das ist eine freie Entscheidung, die man respektieren muss.	NEIN. Derjenige, der unmittelbar vor der Tat steht, ist nicht mehr frei in seiner Entscheidung.
Der Entschluss, sich das Leben zu nehmen, kommt aus heiterem Himmel.	NEIN. Jedem Entschluss geht eine mehr oder weniger lange Phase des Zweifelns und Abwägens voraus.
Wer einen Suizidversuch unternimmt, plant definitiv, sich das Leben zu nehmen.	JA und NEIN. Derjenige, der einen Versuch unternimmt, möchte zwar sterben, aber gleichzeitig auch leben, nur nicht unter den derzeitigen Umständen.
Jugendliche, die vom Suizid sprechen, wollen nur Aufmerksamkeit erregen. Sie tun es nicht wirklich.	NEIN. Fast alle Suizide und auch Suizidversuche werden vorher in irgendeiner Weise angekündigt.
Unsere Gesellschaft ist krank. So etwas hat es früher nicht gegeben.	DOCH. Suizide hat es in der Geschichte der Menschheit immer schon gegeben.
Man kann nichts unternehmen, um einen Jugendlichen vom Suizid abzuhalten.	DOCH. Wenn man die Gefahr erkannt hat, kann man sehr wohl etwas unternehmen, z. B. zuhören!
Wenn man mit Jugendlichen über Suizid spricht, kommen sie erst auf den Gedanken, es zu tun.	Überwiegend NEIN. Es kommt auf die Art des Gesprächs an. Zu vermeiden ist jede Heroisierung und Glorifizierung der Tat.

Die kollegiumsinterne Beschäftigung mit dem Thema führt weiter zur Frage der Früherkennung und zur Frage, was zu tun sei.

Ein Leitfaden zur Beobachtung, der allen Lehrern ausgehändigt wird, soll es ihnen erleichtern, auf gefährdete Jugendliche aufmerksam zu werden (Quelle: Abteilung Schulpsychologie o. J.):

6. Ein fünfter Schritt in der Gewaltprävention

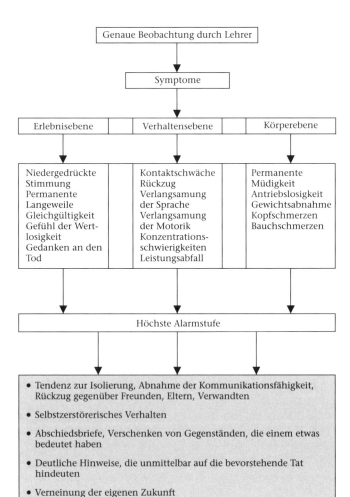

Es muss den Kollegen jedoch zu ihrer eigenen Entlastung gesagt werden, dass das Erkennen von Suizidgefährdung nicht mit absoluter Sicherheit möglich ist. Diese Feststellung verweist einerseits auf die schulischen Grenzen, Lebensmüdigkeit von Schülern wahrzunehmen, darf jedoch andererseits nicht davon abhalten, genau hinzuschauen und zu versuchen, Risikoindikatoren bei Schülern zu identifizieren und ihre psychische Not zu erkennen.

Wenn sich das Kollegium mit dem Thema vertraut gemacht hat, sollten Lehrer es auch mit ihren Schülern im Unterricht ansprechen. Ab einem bestimmten Alter ist es für Schüler wichtig, über mögliche Symptome, Ursachen, aber auch Alarmsignale informiert zu sein und zu erfahren, an wen sie sich in der Not wenden können. Das Sprechen über Suizid führt nicht zu entsprechenden Gedanken oder Handlungen, wie vielfach vermutet wird (Eink und Haltenhof 2007).

Schüler reden gerne über bekannte Persönlichkeiten, die sich das Leben genommen haben, wie Marilyn Monroe, Janis Joplin, Kurt Cobain etc. Es kann eine Aura der Verklärung und Bewunderung entstehen, die sehr gefährlich ist, weil sie Nachahmer ermuntert, denselben Weg zu gehen. Es ist wichtig, das Suizidgeschehen nicht zu glorifizieren, sondern den Fokus auf bestehende Hilfsmöglichkeiten in der Schule – Beratungs-, Vertrauenslehrer, Sozialpädagoge etc. – und externe Beratungsstellen wie Schulpsychologie, Erziehungs- und Drogenberatung zu legen. Nicht die Belastungsfaktoren sollen im Vordergrund eines Gespräches mit der Klasse stehen, sondern die Wege aus der Krise heraus.

Stärkung der Persönlichkeit als Bollwerk gegen Suizidgefährdung

Wie kann und sollte eine umfassende schulische Prävention aussehen, damit eine krisenhafte Entwicklung schon im Anfangsstadium aufgefangen werden kann und eine Suizidgefährdung gar nicht erst aufkommt? Sicherlich hat Schule hierbei einen schweren Stand, denn Depressionen können schon im Kindesalter entstehen und entwickeln sich im Kontext sozialer und familiärer Umstände, ebenso wie Tendenzen, dem Leben hilflos und entmutigt gegenüberzustehen (Nevermann und Reicher 2009). Schule kann nicht alles das ungeschehen machen, was in der Familie in Kindheit und Jugend durch eine Anhäufung von Problemen entstanden ist, aber sie kann ausgleichen und kompensieren. Aus dem Wissen heraus, dass Eltern oft die Verzweiflungslage ihres Kindes nicht erkennen oder nicht wissen, wie sie ihm helfen können, kommt Lehrern doch die Aufgabe zu, Krisensituationen wahrzunehmen, krisengefährdete Schüler zu erkennen und Wege zu suchen, ihnen zu helfen. Hilfe kann auch darin bestehen, Eltern auf die Gefährdung aufmerksam zu machen und externe Beratung zu empfehlen. Angesichts der Tatsache, dass die Möglichkeiten der Lehrer, auf die psychische Befindlichkeit ihrer Schüler (circa 30 in einer Klasse) jeweils individuell und in besonderer Weise einzugehen, begrenzt sind, werden im Folgenden keineswegs Rezepte oder gar Neuerungen angeregt, sondern es wird die Bedeutung schon existierender Maßnahmen in Schulen unterstrichen, mit dem Ziel, diese noch auszubauen und zu erweitern. Vieles davon lässt sich auch im Rahmen einer guten schülerorientierten Pädagogik verwirklichen.

Die weiter oben beschriebenen Anti-Mobbingstrategien und die Pflege einer lösungsorientierten Konfliktkultur in der Schule (s. Kapitel 4 und 5) sind wichtige präventive Maßnahmen, um nicht nur Gewalt gegen andere, sondern auch gegen sich selbst zu verhindern. Der Stärkung der gesundheitsfördernden Bedingungen in der Lebenswelt Schule kommt eine generelle Bedeutung zu, die sich in allen Präventionsmaßnahmen widerspiegelt.

Was brauchen Kinder und Jugendliche, um gesund und zufrieden und möglichst auch glücklich durch die Schule zu kommen? Welchen Beitrag kann Schule dazu leisten? Studien belegen, dass schon eine einzige Bezugsperson Kindern aus problembelasteten Familien Halt geben kann, um im Leben gut zurechtzukommen und sie vor Depression und Suizidgefährdung zu schützen. Lehrern kommt im Leben von allen Kindern und Jugendlichen eine wichtige Rolle zu. Sie sind Bezugspersonen im Positiven wie im Negativen. Für Kinder und Jugendliche, die suizidgefährdet sind, können Lehrer diese ›eine‹ Bezugsperson sein, die sie davor bewahrt, sich das Leben zu nehmen. Lehrer können dies durch Zuwendung, Verständnis und Anerkennung erreichen, indem sie dem Schüler positive Gegenerfahrungen ermöglichen. Lehrer, die freundlich und zugewandt sind, die Schüler fair behandeln, eine Beziehung zu ihnen aufbauen, sie in ihrem Leistungsstreben unterstützen und damit ein positives Rollenmodell abgeben, wirken durch ihr Verhalten allein schon gefährdungspräventiv. Zurückliegende und aktuellere Studien aus der Resilienzforschung zeigen deutlich, was Schüler brauchen, um sich in der Schule wohl zu fühlen (Hurrelmann und Bründel 2007, 180):

- Vielfältige Beziehungen innerhalb der Schule
- Entstehung eines Gemeinschaftsgefühls
- Verlässliche Strukturen

- Gerechte, einsichtige Regeln und faire Konsequenzen
- Aktives menschliches Interesse der Lehrer an ihren Schülern
- Unterstützung der Schüler bei der Lösung ihrer Konflikte

Dies lässt sich mit den Worten Schiffers (2001), in einen Wunsch an Lehrer gerichtet, zusammenfassen: Geht auf »Schatzsuche« und nicht länger auf »Fehlerfahndung«, d. h. Lehrer sollen nicht nur nach dem schauen, was Schüler nicht können, sondern nach dem, was ihre Stärke und ihre Persönlichkeit ausmacht. Suizidgefährdungspräventiv vorgehen, heißt die Persönlichkeit der Schüler festigen. Wenn Schüler für ihre Stärken gelobt werden, entwickeln sie Selbstvertrauen und ein Gefühl der Selbstwirksamkeit, eine entscheidende Voraussetzung für Gesundheit. Eine Pädagogik der Ermutigung erhöht die Widerstandskräfte im Schüler und wirkt etwaigen Suizidtendenzen entgegen.

Es gibt sogenannte Lebenskompetenzprogramme, wie z. B. das australische Programm »MindMatters« (Paulus, Franze und Schwertner 2004), das einen ganzheitlichen Ansatz von Gesundheit verfolgt. Es sieht Gesundheit dann als gegeben an, wenn sich Schüler sowohl körperlich, psychisch, sozial als auch ökologisch wohl fühlen, wenn sie ausreichende Fähigkeiten zur Problembewältigung und zur Selbstverwirklichung besitzen. Das Programm unterstützt Schüler, miteinander zu kooperieren, Beziehungen aufzubauen und zu pflegen, es stärkt sie darin, sich vor Mobbing zu schützen und den Mobbern selbstbewusst entgegenzutreten. Es hilft ihnen, Konflikte zu lösen und Probleme zu bewältigen. Alle diese Ansätze wirken präventiv einer Suizidgefährdung entgegen, denn psychisch starke Kinder sind nicht suizidgefährdet.

Intervention, wenn die Gefährdung erkannt wird

Wenn Lehrer trotz aller schulischen Präventionsbemühungen erkennen, dass ein Schüler suizidgefährdet ist, dass er *deutliche* Alarmsignale aussendet, dann erfolgt die Krisenintervention mit schnellem Beginn und pragmatischem Vorgehen (Eink und Haltenhof 2007). Sie besteht in der sofortigen Gesprächs- und Kontaktaufnahme mit dem betreffenden Schüler, dessen Eltern, dem Schulpsychologischen Dienst und bei Gefahr im Verzug auch mit dem Notarzt.

Ist sich der Lehrer jedoch nicht ganz sicher, sollte er sich zunächst einmal selbst Unterstützung holen. Er sollte nicht versuchen, allein mit dem Problem fertig zu werden, denn er ist kein Therapeut. Der erste

Weg sollte sein, mit einem Kollegen und der Schulleitung zu sprechen. Dann sollte behutsam der Kontakt zum Schüler aufrecht gehalten und das Gespräch mit ihm gesucht werden. Wichtig ist, dem Schüler zuzuhören, ihn reden zu lassen, ohne ihn zu unterbrechen oder gar ins Moralisieren zu verfallen. Nur in der Auseinandersetzung mit seinen Gefühlen kann der gefährdete Schüler die Krise, in der er sich befindet, reflektieren (Sonneck 2000). Der Lehrer sollte auch keine Angst davor haben, negative Gefühle des Schülers behutsam anzusprechen, denn die Erfahrung zeigt, dass dies in aller Regel zu einer Entlastung des Schülers führt (Eink und Haltenhof 2007).

Dabei ist es von Bedeutung, ihm die Suizidgedanken nicht ausreden zu wollen, sondern ihn in seiner momentanen Verfassung zu akzeptieren. Wenn ein Vertrauensverhältnis zwischen dem Lehrer und dem Schüler besteht, dann sollte ihm, ohne Druck auszuüben, das Angebot gemacht werden, externe Helfer mit hinzuzuziehen. Es darf keine geheimen Absprachen zwischen beiden geben, z. B. »Du kannst mir vertrauen, ich sage es niemandem weiter.« Der Lehrer muss deutlich machen, dass er nichts unternehmen wird, ohne den Jugendlichen vorher davon zu verständigen. Er muss sich jedoch die Handlungsfreiheit bewahren, das zu tun, was nötig ist, und das kann heißen, die Eltern oder den notärztlichen Dienst zu benachrichtigen. Dazu ist er verpflichtet, wenn er im Gespräch mit dem Jugendlichen die Überzeugung gewonnen hat, dass der Jugendliche sich demnächst wirklich umbringen wird. Er wird dann im Beisein des Jugendlichen, nachdem er ihn darüber informiert hat, die Betreffenden anrufen. Leben zu retten ist höchstes Gebot, mit oder ohne Einwilligung des Jugendlichen. Dies ist ein kritischer Punkt in der Beziehung zum Schüler. Der Lehrer riskiert die gute Beziehung zu verlieren, doch muss er bei Lebensgefahr unverzüglich handeln und selbstverständlich mit den Eltern eng zusammenarbeiten.

Was Eltern tun können

Wenn Eltern die Gefährdung ihres Kindes erkennen oder darauf aufmerksam gemacht worden sind, sollten sie Folgendes tun (in Abwandlung nach Nevermann und Reicher 2009):
- die Gefühle ihres Kindes akzeptieren
- für ihr Kind da sein, miteinander reden

- mit ihm gemeinsam etwas Schönes, Erfreuliches, Spannendes unternehmen
- erwünschtes, nichtdepressives Verhalten stärken
- es ermuntern, seine Gedanken und Gefühle aufzuschreiben
- für Erfolgserlebnisse sorgen
- den eigenen, d. h. elterlichen Erziehungsstil überdenken
- die Krise als Chance zur Veränderung wahrnehmen

In der Beratung der Eltern, in gemeinsamen Gesprächen könnten diese Verhaltensweisen von Lehrern den Eltern mitgegeben werden.

Maßnahmen nach einem Schülersuizid

Jeder Suizid ruft bei Eltern, Verwandten, Freunden, Klassenkameraden, Lehrern und der Schulleitung Trauer, Bestürzung und Hilflosigkeit hervor. Der Schock führt zunächst zu absoluter Lähmung, und keiner weiß so recht, was nun zu tun ist. In fast allen Bundesländern sind aus diesem Grund Notfallpläne als Handreichung für die Schulleitung entwickelt worden (s. Kapitel 8). Sie enthalten konkrete Handlungsvorschläge, auf die Schulleitung in Krisen und Notfällen zurückgreifen kann und die als Hilfe und Unterstützung gedacht sind.

Ein Suizid oder Suizidversuch in der Schule selbst kommt eher selten vor. Von den Jugendlichen, die Suizid begangen haben, brachte sich die Mehrzahl zu Hause oder in der häuslichen Umgebung um, aber dennoch kann es auch in der Schule geschehen, und darauf muss Schule vorbereitet sein. Das Krisenmanagement liegt in der Verantwortung der Schulleitung. Allererste Maßnahmen sind:
- Polizei und Notarzt benachrichtigen
- sich um den Schüler kümmern, der sich umgebracht oder auch überlebt hat
- Erste-Hilfe-Maßnahmen für den Überlebenden ergreifen
- Eltern des betreffenden Schülers benachrichtigen
- Schulpsychologische Unterstützung anfordern

Die nächsten Schritte bestehen darin, das gesamte Kollegium und auch der Schülerschaft zu informieren. Es muss auch an etwaige Geschwisterkinder, die dieselbe Schule oder die Nachbarschule besuchen, gedacht werden. Die Schüler sollten klassenweise vom Geschehen unterrichtet werden. Dabei werden keine Vermutungen über eventuelle Ursachen angestellt, auch nicht über Begleitumstände der Tat. Hierbei ist ein sensibles Vorgehen nötig, denn es besteht die Gefahr der Nachahmung und der Identifikation mit dem Toten.

Es versteht sich von selbst, dass an dem Tag des Bekanntwerdens kein regulärer Unterricht mehr erfolgt, sondern den Schülern und Lehrern Zeit gegeben wird, das Gehörte zu verkraften und zu verarbeiten. Am besten geschieht das durch Gespräche miteinander und untereinander. In den nächsten Tagen werden konkrete Fragen auftauchen, wie z. B.: Wer geht mit zur Beerdigung? Was machen wir mit dem leeren Stuhl im Klassenzimmer? Wie können wir unser Beileid ausdrücken? Es muss davon abgeraten werden, ein Bild von dem Schüler mit Kerze und Blumen geschmückt in der Klasse aufzustellen, weil auch das die Identifikation mit dem Toten fördert und Nachfolgetaten nach sich ziehen kann.

Der Umgang mit der Presse muss geregelt werden. Es gibt schon seit vielen Jahren eine sog. Stillschweigeverpflichtung unter Journalisten, keine Einzelheiten über den Suizid und kein Bild vom Täter zu veröffentlichen. Darauf kann sich die Schulleitung berufen, wenn Anfragen der Presse vorliegen.

Die Trauerarbeit der Schule muss mit Fingerspitzengefühl erfolgen. Sie ist Ausdruck der Schulkultur. Verlust, Trauer und Schmerz empfinden Schüler und Lehrer gemeinsam, und daraus kann eine Verbundenheit hervorgehen, die wiederum Ausgangspunkt für gemeinsame Aktionen ist.

Umgang mit einem Schüler, der den Suizidversuch überlebt hat

Jugendliche, die einen Suizidversuch unternommen und überlebt haben, versuchen sehr oft, ihre Tat anschließend zu bagatellisieren und so zu tun, als hätten sie sich gar nicht umbringen wollen. Jeder Suizidversuch ist jedoch absolut ernst zu nehmen. Die Erfahrung zeigt, dass nach einem missglückten Suizidversuch häufig ein weiterer folgt, der die hohe Wahrscheinlichkeit des »Gelingens« in sich birgt. Der Jugendliche braucht in jedem Fall therapeutische Hilfe. Die Erfahrung zeigt ferner, dass Jugendliche diese sehr häufig ablehnen, doch Eltern sollten sich nicht beirren lassen, eine externe Unterstützung anzubieten und ihre Kinder zu motivieren, diese auch anzunehmen.

Zu den schulischen Bemühungen zählen (in Anlehnung an Nevermann und Reicher 2009):
- Beziehungsstiftende Maßnahmen
- Schaffung einer angstfreien und emotional positiven Atmosphäre
- Lob und positive Verstärkung
- Vermeidung von Überforderung
- Aufbau von Stärken
- Förderung der Konfliktlösungskompetenz

Aus der Erkenntnis, dass die Psychodynamik des Suizidgeschehens einerseits den Wunsch zu sterben aufweist, andererseits aber auch den Wunsch nach einem Leben, und zwar nach einem anderen Leben mit mehr Aufmerksamkeit und mehr Zuwendung, ist es ganz wichtig, dem Jugendlichen beides auch zu geben. Lehrer müssen dies berücksichtigen und dem Jugendlichen zeigen, dass er für ihn und seine Klassenkameraden von hoher Bedeutung ist. Die Gefahr besteht darin, dass das Bemühen nur von kurzer Dauer ist und sich alte Verhaltensgewohnheiten wieder einschleichen. Dies gilt übrigens auch für Eltern. Die Folge ist eine große Enttäuschung des Jugendlichen und ein Wiederaufleben seiner Suizidgedanken. Daher müssen Eltern und Lehrer eng zusammenarbeiten und das gemeinsame Ziel verfolgen, dem Jugendlichen durch Anerkennung seiner Persönlichkeit zu verstehen zu geben, dass er für sie wertvoll ist.

Weiterführendes

Abteilung Schulpsychologie/Bildungsberatung des Landesschulrates für Steiermark (Hrsg.): Was tun? Handlungsleitfaden für Pädagoginnen und Pädagogen im Umgang mit speziellen Problemsituationen. O. J.

Bründel, Heidrun: Jugendsuizidalität und Salutogenese. Hilfe und Unterstützung für suizidgefährdete Jugendliche. Kohlhammer 2004.

Bründel, Heidrun: Schülersuizid – Prävention, Intervention und Postvention. In: SchulVerwaltung spezial. Zeitschrift für SchulLeitung, SchulAufsicht und SchulKultur, 1, 15 -19, 2004a.

Eink, Michael/Haltenhof, Horst: Basiswissen: Umgang mit suizidgefährdeten Menschen. 2. Aufl. Psychiatrie Verlag 2007.

Nevermann, Christiane/Reicher, Hannelore: Depressionen im Kindes- und Jugendalter. Erkennen – Verstehen – Helfen. 2. akt. Aufl., Beck'sche reihe 2009.

Paulus, Peter/Franze, Marco/Schwertner, Kathrin: MindMatters: Förderung der psychischen Gesundheit in und mit Schulen. 2004.

Ringel, Erwin: Das Leben wegwerfen? Reflexionen über Selbstmord. Herder 1986.

Ringel, Erwin: Selbstmordverhütung. Klotz 2004.

Schiffer, Eckhard: Wie Gesundheit entsteht. Salutogenese: Schatzsuche statt Fehlerfahndung. Beltz 2001.

Sonneck, Gernot: Krisenintervention und Suizidverhütung. UTB 2000.

7. Ein sechster Schritt in der Gewaltprävention: Für ein »soziales Frühwarnsystem«

- Amok oder School Shooting – Wenn das Unfassbare geschieht
- Krisenteam und Kriseneinsatz
- Einschätzung einer Gefahrensituation
- Verhinderung von Trittbrettfahrern und Nachahmungstätern
- Ein Abschiedsbrief
- Konsequenzen aus den bisherigen School Shootings

Amok oder School Shooting – Wenn das Unfassbare geschieht

Der Begriff Amok kommt ursprünglich aus dem Malaiischen und bedeutet ›zornig‹, ›rasend‹. Der Amoklauf steht für ein spontanes und blindwütiges Geschehen, in dem der Täter in ›heißer Wut‹ und ungezielt ein oder mehrere Personen tötet. Ein Amoklauf in Schulen, so zeigt die Erfahrung, ist jedoch meistens auf ganz bestimmte Lehrpersonen, Schulleitungen oder Mitschüler gerichtet. Dabei kann es zwar vorkommen, dass Personen wie Hausmeister oder Sekretärinnen zufällig getroffen werden, aber Zielpersonen waren sie nicht. Außerdem geschieht ein Amoklauf in Schulen selten spontan und aus dem Augenblick heraus, sondern ist in der Mehrzahl der Fälle sorgfältig vorbereitet und geplant. Oft hat der Täter Jahre oder auch Monate vorher genaueste Vorbereitungen getroffen, wann und wie er die Tat ausführen und vor allem wen er erschießen will (Scheithauer und Bondü 2008).

Während Amokläufe für blindwütige Aggressionen, für einen »Bewegungssturm mit Verwirrung der Sinne und Mehrfachtötungen« in der Familie oder im öffentlichen Raum (Sachs 2009) stehen und mit heißer Wut ausgeübt werden, werden school shootings oder auch Schulmassaker eher mit »eiskalter Wut«, ruhig und gezielt von jugendlichen Schülern oder auch jungen Erwachsenen und ehemaligen Schülern im Raum Schule ausgeführt (Hoffmann und Wondrak 2007; Robertz 2004). Sie werden nicht »impulsiv-raptusartig« (Adler 2000) begangen, sondern sind lange vorher angedacht. Aus diesem Grund soll – obwohl Amok der geläufigere Begriff ist – hier im weiteren Verlauf von School Shootings gesprochen werden (Robertz 2004).

7. Ein sechster Schritt in der Gewaltprävention

School Shootings sind seltene Ereignisse, und doch kommen sie seit den 70er Jahren in den USA in immer kürzeren Abständen und in den letzten Jahrzehnten auch in Deutschland immer häufiger vor.

Datum	Ort	Schultyp	Kurzbeschreibung	Anzahl der Toten
9. Nov. 1999	Meißen	Gymn.	Ein 15-jähriger Gymnasiast ersticht vor den Augen seiner Klassenkameraden seine Lehrerin.	1 Toter
16. März 2000	Brannenburg	Internat	Ein 16-jähriger Schüler erschießt den Heimleiter und anschließend sich selbst.	2 Tote
19. Febr. 2002	Freising	Berufsschule	Ein 22-jähriger ehemaliger Berufsschüler erschießt den Direktor, verletzt einen Lehrer schwer und sprengt sich selbst in die Luft.	2 Tote
26. April 2002	Erfurt	Gymn.	Ein 19-jähriger, der Schule verwiesener Schüler erschießt 12 Lehrer, 2 Schüler, 1 Verwaltungskraft und 1 Polizisten, mindestens 6 weitere Personen werden verletzt. Anschließend erschießt er sich selbst.	17 Tote
2. Juli 2003	Coburg	Realschule	Ein 16-jähriger Schüler schießt auf seine Klassenlehrerin, ohne sie zu treffen, verwundet eine weitere Lehrerin und erschießt sich anschließend vor der Klasse.	1 Toter
20. Nov. 2006	Emsdetten	Realschule	Ein 18-jähriger ehemaliger Realschüler verletzt durch Schüsse 4 Schüler und den Hausmeister schwer. Anschließend tötet er sich selbst.	1 Toter

Datum	Ort	Schultyp	Kurzbeschreibung	Anzahl der Toten
11. März 2009	Winnenden	Realschule	Ein 17-jähriger Berufsschüler erschießt in seiner ehemaligen Realschule 9 Schüler, 3 Lehrerinnen, auf der Flucht 3 weitere Personen und anschließend sich selbst.	16 Tote

Die School Shootings von Erfurt, Emsdetten und Winnenden

Die in Deutschland und den USA verübten School Shootings zeigen, dass es bisher fast ausschließlich männliche Täter sind, die zu dieser Art der Gewaltausübung neigen. Die Analyse der in den USA oder auch in Finnland verübten School Shootings bestätigt das. Es gibt nur eine geringe Anzahl weiblicher Täter. Lübbert (2002) begründet dies mit dem Konzept der hegemonialen Männlichkeit, d. h. mit der Dominanz des Mannes über Frauen und über andere Männer, die weniger mit der biologischen Geschlechtszugehörigkeit zu tun hat als mit der geschlechtsspezifischen Sozialisation in unserer Gesellschaft. Zum Männlichkeitsideal gehören nach wie vor die Ausübung von Macht und die Faszination durch Waffen. Die Mehrzahl der Waffenbesitzer und Sportschützen in Deutschland ist männlich. Physische Gewalt ist hauptsächlich ein männliches Problem. Das hängt mit unterschiedlichen Verarbeitungsformen von Belastungen und Konflikten zwischen den Geschlechtern zusammen. Jungen neigen zu exteriorisierenden, d. h. nach außen gerichteten Bewältigungsformen, bei denen überwiegend andere Personen geschädigt werden, oft aber auch die eigene Person, während Mädchen eher zu interiorisierenden, nach innen gewendeten Formen der Problemlösung greifen.

Allerdings scheint der derzeit jüngste Fall der Gymnasialschülerin Tanja O. aus St. Augustin bei Bonn in die andere Richtung zu weisen. Die 16 Jahre alte Schülerin soll am 11. Mai 2009 einen Anschlag mit Molotow-Cocktails auf ihre Schule geplant haben. Sie wurde anscheinend bei ihren Vorbereitungen auf der Schultoilette von einer Mitschülerin überrascht, griff diese daraufhin mit einem Messer an und schnitt ihr dabei den Daumen halb ab. Das Mädchen war Mitschülern vorher aufgefallen, ein Besuch beim Schulpsychologischen Dienst stand unmittelbar bevor. Die Tatsache, dass sie bereits einen Suizidversuch in der Grundschule begangen hatte und sich auch weiterhin mit Suizidgedanken trug, ist als ein Baustein in der Vorgeschichte von Amokläufern bekannt. Fast alle bisher bekannten School Shooter beendeten ihre Gewalttat mit einem Suizid. Inwieweit die Tat dieses Mädchens jedoch tatsächlich einem Amokversuch bzw. einem School Shooting gleichkommt, kann hier nicht entschieden werden. Möglicherweise muss das Täterprofil, das vorrangig Jungen als potenzielle School Shooter vorsieht, auf Mädchen ausgedehnt werden.

Die Analyse der School Shootings in Erfurt, Emsdetten und Winnenden, die besonders durch die Medien sehr bekannt geworden sind, lässt ferner erkennen, dass es sich fast immer um Schüler oder ehemalige Schüler der Schule handelt, an der die Tat verübt wurde. Der Gedanke an einen Rache- und Vergeltungsakt wegen zurückliegender erlittener Kränkungen und Demütigungen liegt nahe. Die Täterschaft gleicht jedoch nicht dem landläufigen Bild des Gewalttäters. Die Täter kommen nicht aus einem bildungsarmen Milieu, haben auch nicht die Sonder- oder Hauptschule besucht, sondern im Gegenteil das Gymnasium, die Realschule oder Berufsschule. Sie waren keineswegs leistungsschwach oder Schulabbrecher, sondern mittelmäßige Schüler. Robert Steinhäuser aus Erfurt hat das Abitur abgebrochen und war wegen einer Unterschriftsfälschung der Schule verwiesen worden. Bastian Bosse aus Emsdetten hat allerdings auf der Realschule zwei Klassen wiederholen müssen.

In ihrem Verhalten waren sie unterschiedlich auffällig. Robert Steinhäuser und Sebastian Bosse waren Einzelgänger und auch als Sonderlinge bekannt. Tim Kretschmer aus Winnenden galt dagegen als ausgesprochen unauffällig. Er soll sich jedoch mehr und mehr zurückgezogen haben, war eher introvertiert und wegen Depressionen in psychiatrischer Behandlung. Er soll wenige Freunde gehabt haben. Sein Verhalten in der Schule gab keinen Anlass zur Beunruhigung, und doch tötete er u. a. neun Schülerinnen und drei Lehrerinnen durch gezielte Kopfschüsse. Ob daraus ein Mädchen- oder Frauenhass abzuleiten ist, bleibt offen.

Alle drei Täter hatten Zugang zu Schusswaffen. Tim Kretschmers Vater war Sportschütze und besaß eine große Anzahl von Waffen und Munition, eine Pistole, die Tim entwendete, bewahrte er ungesichert in einem Schrank auf. Es kann vermutet werden, dass Tim im Umgang mit Waffen geübt war. Von Robert Steinhäuser und Sebastian Bosse ist bekannt, dass sie Waffennarren waren. Robert war Mitglied in einem Schützenverein und im Besitz einer Waffenkarte, deren Eintragungen jedoch nicht den Anforderungen des Waffengesetzes entsprachen. Seine beiden Tatwaffen kaufte er sich selbst, allerdings illegal. Sebastian Bosse trug nicht nur mehrere Gewehre mit sich, sondern hatte außerdem Rohrbomben an seinem Körper befestigt. Er hatte sich die Waffen u. a. bei einem Online-Waffenhändler gekauft und schon monatelang vor der Tat gehortet.

Von den drei Tätern hat nur Sebastian Bosse seine Tat im Internet angekündigt, und zwar schon Jahre vorher. Er unterhielt sogar eine eigene Internetseite, auf der er in einem Kampfanzug mit Gewehr abgebildet war, als er Paintball spielte und mit Sprengstoff experimentierte. Er veröffentlichte auch einen Abschiedsbrief im Internet, in dem er seinen ganzen Frust und seinen abgrundtiefen Hass auf die Welt, aber auch seine große Enttäuschung ausdrückt (http://www.heise.de/tp/r4/artikel/24/24032/1.html).

Robert Steinhäuser und Tim Kretschmer spielten beide Gewalt verharmlosende und auch verherrlichende Computer- und Internetspiele wie »Counterstrike«, wovon ihre Eltern nichts wussten bzw. was sie nicht zur Kenntnis nahmen. Von Robert Steinhäuser und Sebastian Bosse ist bekannt, dass sie vom Massaker an einer Schule in Littleton, US-Bundesstaat Colorado, bei dem im April 1999 ein 18- und ein 17-jähriger Schüler zwölf Mitschüler und einen Lehrer erschossen hatten, unheimlich fasziniert waren und es sich in der Ausübung der Tat zum Vorbild nahmen. Sebastian besaß eine ausführliche Dokumentation von diesem Geschehen und sammelte alle Berichterstattungen von Schulmassakern aus den USA. Seine Sammlung von Grusel-, Splatter- und Kriegsfilmen war beträchtlich.

Von allen drei Tätern kann mit großer Vorsicht gesagt werden, dass sie in äußerlich intakten und vollständigen Familienverhältnissen mit Geschwistern lebten, ihnen jedoch große Freiräume gelassen wurden und sie in ihrer Phantasie ein Eigenleben führten, das vom realen Leben der Eltern weit entfernt war.

Tim Kretschmers Motive zur Tat liegen derzeit im Dunkeln und müssen noch erforscht werden. Wenn man alle School Shootings, die bisher in den USA, in Finnland und in Deutschland begangen wurden, analy-

siert, dann ergeben sie ein Täterbild, das zusammengefasst wie folgt lautet (Robertz 2004):
- Der Täter ist ein physisch gesunder, jedoch psychisch depressiv-suizidaler junger Mann.
- Seine familiären und freundschaftlichen Beziehungen sind eingeschränkt bis dysfunktional.
- Seine Tat begeht er sowohl aus Enttäuschung über sein bisheriges Leben als auch aus Frust und Rachegedanken, teilweise auch um mediale Aufmerksamkeit zu gewinnen und den Status einer Berühmtheit zu erlangen.
- Seine Tat hat er lange vorher geplant und gut vorbereitet.
- Seine Tat endet jeweils mit dem Suizid.

Entwicklungsstadien zum Suizid und zum School Shooting.

Die Wege zum Suizid und zum School Shooting sind einander sehr ähnlich. In beiden Fällen geschehen die Taten nicht spontan und impulsiv, sondern sind der Abschluss einer längeren Entwicklung. Depressive Gefühle vor der Tat spielen jeweils eine große Rolle, sowohl beim Suizid als auch beim School Shooting. Die Stadien der Suizidentwicklung (Pöldinger 1968) sind mit denen der Entwicklung zum School Shooting fast identisch:

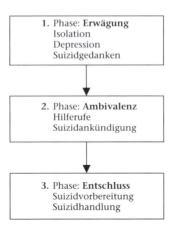

Verzweiflung, Einsamkeit und depressive Stimmungen befördern Suizidgedanken. Sie sind noch nicht konkret, werden es jedoch mit der Zeit. Aggressionen, die zunächst gegen andere Personen gerichtet sind, wendet die suizidale Person gegen sich selbst. In einer zweiten Phase sendet sie Alarmsignale an die Umwelt in der Hoffnung, dass diese erhört werden. Sie kündigt ihre Suizidabsichten mehr oder weniger deutlich an, doch möchte sie im Grunde nicht sterben, sondern nur ihr Leben so nicht weiterführen. In der dritten Phase konkretisieren sich ihre negativen Gedanken, und sie beginnt die Tat konkret zu planen. Sie wählt die Methode, trifft die letzten Vorbereitungen und ist fest entschlossen, sich das Leben zu nehmen. In dieser Phase scheint es nach außen hin, als ginge es ihr besser, denn sie gibt sich ruhig und abgeklärt.

Ähnlich ergeht es dem School Shooter: In der ersten Phase empfindet auch er depressive Gefühle und Gedanken, ist mit seinem Leben unzufrieden und hadert mit seinem Schicksal. Zurückliegende Kränkungen durch andere, Demütigungen und Versagenserlebnisse belasten ihn sehr. Er kehrt die Aggressionen, die er hegt, in erster Linie gegen andere: Schule, Lehrer, Schüler – alle, die vermeintlich gegen ihn sind und ihm das Leben erschweren. Erst in zweiter Linie kehrt er sie gegen sich selbst. Seine Signale, die er sendet, sind Bedrohungssignale, d. h. er kündigt an, dass irgendetwas passieren werde, dass es so nicht weiter gehe, dass man sich wundern werde. Was beim Suizidanten *Alarm*signale sind, dass etwas mit ihm selbst passieren wird, sind beim School Shooter *Warn*signale, dass etwas mit anderen geschehen wird. Seine hasserfüllten Gedanken konkretisieren sich, bis er den Tag und die Methode festlegt, wann und wie er die Tat ausführen wird. Gleich der Entwicklung der Suizidstadien lassen sich bei School Shootings die Phasen Beschäftigung, Planung, Vorbereitung und Angriff erkennen, letzterer endet fast immer mit Suizid. Wenn auch der Wille zur Fremdtötung dominiert, geht er immer mit dem Kalkül der anschließenden Selbsttötung einher.

Krisenteam und Kriseneinsatz

Jede Schule sollte sich im Vorfeld auf eventuelle Krisen vorbereiten, denn keine Schule ist vor ihnen gefeit. Krisen kommen immer plötzlich und unvermittelt. Bricht eine Krise über die Schule herein, verfügen meistens weder die Schulleitung noch das Kollegium über Handlungsroutinen. Unter dem Schock der Ereignisse weiß keiner so recht, was

zu tun ist (Engelbrecht und Storath 2005). Entweder es herrscht Handlungslähmung oder Handlungsüberstürzung, beides ist nicht dazu angetan, eine Krise professionell zu bewältigen. Eine grundlegende Vorbereitung auf Krisen besteht in der Bildung eines Krisenteams, das im Falle einer Krise das Management übernimmt und notwendige Aufgaben und Handlungsschritte an die einzelnen Teammitglieder verteilt. Es besteht aus:
- der Schulleitung,
- der stellvertretenden Schulleitung,
- dem Koordinator,
- dem Sicherheitsbeauftragten,
- dem Ersthelfer,
- der Sekretärin,
- dem Hausmeister.

In jeder Schule sollte eine Telefonliste mit folgenden Telefonnummern vorhanden sein, auf die im Notfall zurückgegriffen werden kann:
- Polizei
- Feuerwehr (Rettungsdienst, Notarzt)
- Schulleitung
- Schulamt
- Notfallpsychologe (Schulpsychologie)
- Notfallseelsorge (verschiedener Konfessionen)
- GUVV (Gemeindeunfallversicherungsverband)
- Schulpflegschaftsvorsitzender

Was muss in Schule getan werden, wenn der Notfall eintritt und sich ein School Shooting ereignet? Der allererste Schritt besteht darin, sofort den Notruf 110 abzusetzen und die Polizei zu alarmieren. Die ersten wichtigen Hinweise müssen konkret und deutlich artikuliert übermittelt werden:
- Was geschieht?
- Wer handelt (ein oder mehrere Täter)?
- Wie handelt der Täter (Schusswaffengebrauch)?

Vor Eintreffen der Polizei warnt die Schulleitung über Lautsprecher die Schulgemeinschaft nach der AIDA-Formel (Notfallplanordner NRW):

Ansagetext:

An alle Personen im Schulgebäude! Hier spricht die Schulleitung!	AUFMERKSAMKEIT
Wir haben eine ernste Lage im Schulgebäude! Bleiben Sie in den Klassenräumen!	INFORMATION
Schließen Sie die Türen ab und verbarrikadieren Sie sie. Meiden Sie danach Fenster und Türen und suchen Sie Deckung!	DRINGLICHKEIT
Die Lage wird geklärt. Verhalten Sie sich ruhig und warten Sie, bis Sie neue Anweisungen bekommen!	AUSWEG

Im Falle eines School Shootings übernimmt die Polizei, sobald sie vor Ort ist, die Regie zur möglichst schnellen Beendigung der Gewalttat und zum Schutze der Schüler- und Lehrerschaft. Dennoch kann Schule bis dahin noch folgendes tun (soweit es die Gefahrenlage zulässt):
- Erste-Hilfe leisten, bis zum Eintreffen ärztlicher Hilfe
- Lagepläne des Schulgebäudes bereithalten
- Einweiser für eintreffende Polizei und Rettungskräfte vor der Schule aufstellen (soweit die Gefahrenlage dies zulässt)
- Infos für die Polizei sammeln: Tathergang, Täterhinweise, Täterverdacht
- Presse zunächst fernhalten

Wenn möglich muss das Krisenteam der Schule entweder noch am Tag der Krise oder unmittelbar danach einberufen werden und allgemeine Überlegungen anstellen:
- Wer ist betroffen?
- Wer braucht Hilfe?
- Wer muss unterstützt werden?
- Wer muss informiert werden?

Um diese Fragen zu beantworten, ist es nützlich, auf die Skizze von Engelbrecht und Storath (2005, S. 24) zurückzugreifen, die in konzentrischen Kreisen die Personen und Personengruppen aufführt, die von der Krise betroffen sind und daher unterrichtet, unterstützt oder auch zu Hilfe geholt werden müssen:
  Es sind dies:
- Die Familie: Eltern, Geschwisterkinder, Nahestehende
- Die Notfallhelfer, Seelsorger, Schulpsychologen

- Die Schulaufsicht
- Die Klassenlehrer, das Lehrerkollegium
- Die Klassenkameraden
- Die benachbarten Schulen
- Benachrichtigung des Gemeindeunfallversicherungsverbandes (GUVV)

Umgang mit der Presse

Der Umgang mit der Presse ist für Schulen nicht nur ungewohnt, sondern wegen des starken Medienandrangs und des Drucks, den Presseleute ausüben, geradezu lästig und unangenehm. Es besteht zwar Auskunftspflicht gegenüber der Öffentlichkeit, aber diese übernehmen bei School Shootings der Pressesprecher der Polizei, das Schulamt, die Bezirksregierung oder das Schulministerium. Alle Anfragen von Medienvertretern werden an diese Pressestellen verwiesen. Die Schule selbst wird von der Polizei vor Pressevertretern abgeschirmt, sodass den Medien der Aufenthalt auf dem Schulgelände nicht gestattet ist.

Psychische Erste Hilfe und Nachsorge

Im Allgemeinen werden School Shootings schnell beendet, die Mehrzahl von ihnen in weniger als 20 Minuten (Landeskriminalamt Niedersachsen 2009). In der Mehrzahl enden sie mit der Festnahme des Täters oder mit dessen Suizid. Trotz der kurzen Zeitspanne, in der sich School Shootings ereignen, dauern die Folgen für die Überlebenden Jahrzehnte und länger an. Die rasante Abfolge des Geschehens, die Angst um das eigene Leben, die Verwirrung und die Unkenntnis über das, was gerade geschieht, prägen sich tief in das Gedächtnis der Betroffenen ein und führen nicht selten zu einer posttraumatischen Belastungsstörung (PTBS), die der psychotherapeutischen Behandlung bedarf.

Wenn das Krisenereignis vorbei ist und durch die Polizei oder den Suizid des Täters beendet wurde, muss noch am gleichen Tag die psychische Erste Hilfe für Lehrer und Schüler geleistet werden, die gleichermaßen unter Schock stehen. Da die Schule erfahrungsgemäß erst einmal komplett von der Polizei geräumt wird und die Schüler und Lehrer in externe Räume, z. B. anderer Schulen, ausweichen müssen, finden die ersten psychischen Hilfemaßnahmen dort statt. Hierbei helfen Schulpsychologen und Notfallseelsorger beider christlichen Konfessionen.

Krisenteam und Kriseneinsatz

Da es fast in jeder Schule Kinder mit Migrationshintergrund und daher auch unterschiedlicher Religionszugehörigkeit gibt, ist es wichtig, die Ansprechpartner der verschiedenen Religionen zu kennen und deren Telefon-Nummern bereitzuhaben.

Es gibt Regeln zur psychologischen Ersten Hilfe (nach Karutz und Lasogga 2008):
- Sagen Sie, dass Sie da sind, dass etwas geschieht.
- Informieren Sie über das Geschehene.
- Sprechen Sie mit ruhiger Stimme.
- Schirmen Sie physisch und/oder psychisch Verletzte von Zuschauern ab.
- Bleiben Sie bei den Betroffenen.
- Vermitteln Sie Geborgenheit und Sicherheit.
- Suchen Sie behutsam (Körper-)Kontakt.
- Nehmen Sie die Bedürfnisse der Betroffenen wahr.
- Gehen Sie auf deren Gefühle ein. Vermeiden Sie jegliche Bagatellisierung.

Es ist wichtig, die Schüler nach der Krise nicht alleine nach Hause zu schicken, sondern sie für die nächsten Stunden gemeinschaftlich zu betreuen und zu begleiten. Sie sollen erst entlassen werden, wenn sie von den Eltern abgeholt werden oder wenn feststeht, dass ein Familienangehöriger zu Hause ist. Für die nächsten Tage, der Schulbesuch wird freigestellt, wird eine zentrale Anlaufstelle für die psychologische Beratung eingerichtet, und zwar für Schüler, Lehrer und Eltern gleichermaßen. Mit dem Kollegium werden regelmäßige Besprechungen zur Koordination weiterer Maßnahmen wie Realisierung von Elternabenden durchgeführt. Diese sind unbedingt notwendig, da die Eltern in ihrer Angst und Sorge um ihr Kind Unterstützung benötigen. Es hat sich bewährt, ihnen folgende Hilfen zu geben (nach Engelbrecht und Storath 2005):
- Ihr Kind hat ein schlimmes Erlebnis hinter sich und braucht jetzt vermehrt Ihre Zuwendung. Überschütten Sie es aber nicht damit! Gehen Sie auf **seinen** Bedarf (**seine** Bedürfnisse) ein.
- Bedenken Sie, dass Ihr Kind nach einem derartigen Erlebnis noch übererregt sein kann und dass Reaktionen von ihm auch für Sie »schwer verständlich« sein können.
- Hören Sie geduldig zu, wenn Ihr Kind von den Ereignissen erzählt, verstärken Sie dabei aber nicht das »Schreckliche«, sondern zeigen

Sie Verständnis für das Verhalten Ihres Kindes und suchen Sie nach Positivem.
- Versuchen Sie, mit Ihrem Kind in den Alltag zurückzukehren, das zu tun, was Sie auch vor dem Geschehen getan haben.
- Sie werden jetzt möglicherweise von allen Seiten (Medien, Institutionen, Bekannten, …) bedrängt. Versuchen Sie zwar Abstand zu halten, schirmen Sie sich und Ihr Kind aber dabei nicht von Ihrem sozialen Netz (Verwandte, gute Bekannte, Freunde) ab.
- Versuchen Sie, Ihr Kind in der nächsten Zeit von unnötigem und zusätzlichem Stress zu schützen, greifen Sie aber nicht in die Alltagsaufgaben ein, die es bewältigen muss.
- Wenn Ihr Kind Sport treibt, Hobbys usw. hat, hilft ihm dies, Stress abzubauen. Fördern und unterstützen Sie solche Tätigkeiten.
- Wenn Ihr Kind in der nächsten Zeit Verhaltensweisen zeigt wie Schlafstörungen, Albträume, Einnässen, Reizbarkeit, anhaltendes Weinen, Ängstlichkeit usw., beunruhigen Sie sich nicht, denn diese Reaktionen sind unter diesen Umständen völlig normal und verständlich. Bei liebevoller Zuwendung verschwinden sie relativ rasch wieder.
- Haben Sie Geduld, die Verarbeitung eines solchen Geschehens braucht Zeit.
- Halten Sie Kontakt, sprechen Sie mit Ihrem Kind, unternehmen Sie etwas mit ihm, was ihm Freude macht.
- Lassen Sie sich und Ihrem Kind jetzt bewusst etwas Gutes zukommen. Machen Sie jetzt vermehrt und bewusst das, was Ihnen und ihm gut tut.

Oftmals zeigen sich die Symptome einer posttraumatischen Belastungsstörung erst sehr viel später, bis zu Wochen nach dem Ereignis. Jede Schule sollte eine Liste von Traumapsychologen bereithalten und sie bei Bedarf an die Eltern aushändigen. Zu den natürlichen Krisenreaktionen wie Angst, Erregung, Hilflosigkeit, Scham und Unsicherheit stellen sich nach und nach Reaktionen und Verhaltensweisen ein, die auf eine sehr ernst zu nehmende Verarbeitungsstörung hinweisen. Die Posttraumatische Belastungsstörung besteht in folgendem:
- Anhaltende körperliche Reaktionen: Müdigkeit, Schlaf- und Appetitlosigkeit,
- Extreme Reizbarkeit
- Abstumpfen der Gefühle, Gefühlsleere, Apathie
- Gedankenkaskaden, extreme Konzentrationsstörungen

- Wiedererleben des Krisenereignisses, plötzliche Erinnerungsbilder, Albträume
- Panische Ängste

Trauerarbeit als Ausdruck der Schulkultur

Ähnlich wie beim Tod eines Schülers durch Suizid, Unfall oder längere Krankheit ist auch die Trauerarbeit nach einem School Shooting, bei dem viele Personen verletzt oder gar getötet worden sind, Ausdruck der Schulkultur und sollte mit Bedacht und ganz besonderer Sorgfalt gemeinsam mit Eltern, Schülern und Lehrern geleistet werden. So schlimm und so furchtbar ein School Shooting auch ist, so kann doch die gemeinsame Trauerarbeit eine Schulgemeinde zusammenschweißen, ihr ein besonderes Zusammengehörigkeitsgefühl und eine neue Identität geben. Trauer kennt oft keine Worte und lässt die Trauernden verstummen. In der Gestaltung der Trauerarbeit kann es hilfreich sein, auf andere Beziehungsformen zurückzugreifen, z. B. auf Rituale und Symbolhandlungen.

Rituale stiften Gemeinschaft. Die Trauernden fühlen sich in ihrer gemeinsamen Trauer verbunden. Rituale haben zugleich eine entlastende Funktion. Sie helfen den Trauernden, ihrer Trauer Ausdruck zu verleihen. Sie werden durch gemeinsames Tun, ob Sprechen, Singen, Zuhören, und durch die Konzentration auf einen gemeinsamen Mittelpunkt vereint. Symbolhandlungen lösen die emotionale und physische Starre auf und ermöglichen eine Reaktion, die mit Bewegung verbunden ist.

Wichtig ist, bei der Auswahl der Methoden auf das Alter der Schüler (Entwicklungsstand, Sprachfähigkeit), auf das Geschlecht und auch auf den Grad ihrer Betroffenheit zu achten. Jugendliche trauern anders als Kinder und Jungen wiederum anders als Mädchen. Grundsätzlich gilt, dass die Teilnahme freigestellt wird und niemand gezwungen werden kann, sich zu äußern. Es gibt keine »richtige« oder »falsche« Art zu trauern. Es ist möglich, dass Kinder sehr traurig sind und dennoch zum Fußballspielen oder auf eine lustige Geburtstagsfeier gehen. Männliche Jugendliche verbergen oft ihre Gefühle hinter vermeintlich coolen Sprüchen und lehnen Trauermeditationen und Kerzen als emotionales »Gedöns« ab.

Es ist also wichtig, die Trauerarbeit auf die Bedürfnisse der jeweiligen Schüler abzustimmen. Es ist auch möglich, mehrere verschiedene Angebote parallel zu machen, sodass die Schüler wählen können (in Anlehnung an Ev.-luth. Kirche und kath. Schulkommissariat in Bayern 2006, S. 28 ff):

Möglichkeiten der Trauerarbeit:

Kerzen (Teelichter) anzünden	Die Schüler zünden in der Klasse in einem Sitzkreis Teelichter an und verbinden dies mit einem Gedanken an den verstorbenen Mitschüler/Lehrer. Die Symbolhandlung kann auch schweigend vor sich gehen
Brennende Kerze am Todesort miteinander aufstellen	Gemeinsames Lied/Lesung/Musik oder schweigendes Gedenken
Den »leeren« Platz des Verstorbenen gestalten	Bild, Blume, Teelicht
Den Namen des Verstorbenen kreativ gestalten	Gestaltungselemente können Fähigkeiten des Verstorbenen, markante Eigenschaften, gemeinsame Erlebnisse sein
Ein Memorybuch in der Klasse gestalten	Mit Bildern, Wünschen, meditativen Texten, Erinnerungen
In der Klasse miteinander etwas tun, das der Verstorbene gerne getan hat	Gemeinsamkeit mit dem Verstorbenen erleben
Fotos von gemeinsamen Erlebnissen miteinander anschauen	Ausgangspunkt für Gespräche über den Verstorbenen
Einen Trauertisch in der Schule an einem ruhigen und doch zentralen Ort gestalten	Zeichen des Gedenkens

Trauerarbeit braucht Zeit. Erfahrungen in der Begleitung von Schülern, die den Tod von Mitschülern und Lehrern erleben mussten, zeigen, dass es gut ist, in einem Abstand von einigen Wochen zusammenzukommen, um gemeinsam noch einmal Abschied zu nehmen und auch die Klassengemeinschaft neu zu gestalten. Der Zukunftsaspekt und die Neuorientierung sind dabei wichtig. Sehr gute Anregungen, wie mit Jugendlichen interaktiv gearbeitet werden kann, gibt die Website: www.erzbistum-muenchen.de/schulpastoral unter dem Stichwort »Impulse für Tage der Orientierung bei Tod an der Schule«.

Einschätzung einer Gefahrensituation

Die Erfahrung mit den in Deutschland und auch in anderen Ländern verübten School Shootings hat die Forschung angeregt, sich mit der Früherkennung von Gefahrensituationen zu befassen. Nach dem Vorbild US-amerikanischer Konzepte werden Gefährdungs- oder auch Bedrohungsanalysen erstellt, die darauf abzielen, Gefahren im Vorfeld zu erkennen, um so ein Höchstmaß an Sicherheit in Schulen zu gewährleisten. Die Ausrichtung von Präventionsprogrammen geht nicht mehr nur dahin, »gesunde« Schulen zu schaffen, sondern vor allem »sichere« Schulen. Der Begriff »Safe and Healthy School« hat Eingang in die englischsprachige Fachliteratur erhalten (Sprague und Walker 2005).

In Deutschland ist vor allem das Berliner Leaking-Projekt bekannt geworden, das sich mit der Fragestellung befasst, wie potenzielle School Shooter in der Schule frühzeitig erkannt werden können (Scheithauer und Bondü 2008). Das Projekt beruht auf den Erkenntnissen und der Auswertung vieler in Deutschland und im Ausland verübter School Shootings, die gezeigt haben, dass die Taten nicht spontan erfolgen, sondern lange vorher, manchmal Jahre vorher, angedacht und geplant worden sind. Diese Denk- und Planungsprozesse spiegeln sich im Verhalten der Täter vor der Tat wider. Die meisten Täter (von Tim Kretschmer ist dies derzeit noch nicht bekannt) lassen ihre Tatfantasien oder Pläne in irgendeiner Weise ›durchsickern‹. Als Fachbegriff wird hierfür der Begriff »leaking« verwendet.

Leaking kann, ähnlich wie die Alarmsignale beim Suizid, in unterschiedlicher Weise erfolgen:

direkt:
- Mündliche Ankündigungen (im Gespräch, Telefon)
- Schriftliche Ankündigungen (in Briefen, per SMS, E-Mail, Aufsatz, Internetseiten)
- Zeichnerische Ankündigungen (Bilder, Comics)

indirekt:
- Faszination von Waffen, Krieg, vorherigen Schulmassakern
- Sammeln von Material über vorherige School Shootings
- Leidenschaft für Gewaltvideos, gewalthaltige Computerspiele
- Tragen von Tarnkleidung
- Suizidversuche

7. Ein sechster Schritt in der Gewaltprävention

Bedrohungsanalysen sollen Anhaltspunkte im Verhalten von Schülern auf dem Weg zur Gewalt erfassen. Dies kann z. B. die Kenntnis sein, dass Schüler Gewalt rechtfertigen und gutheißen, oder auch, dass sie Zugang zu Waffen haben.

Schüler, die sich von anderen verletzt, gekränkt, gedemütigt und schikaniert fühlen, sollten bei ihren Lehrern Besorgnis auslösen, denn sie benötigen Hilfe. Außenseiter, Sonderlinge, introvertierte Schüler ohne Freunde oder auch Schüler, die schon einen oder mehrere Suizidversuche unternommen haben, bedürfen der besonderen Unterstützung und Aufmerksamkeit durch ihre Lehrer. Wenn sich dann in ihrem Kommunikationsverhalten herausstellt, dass sie Gewalttaten ankündigen, sollte dies mit folgender Fragestellung genauer untersucht werden:

- Wie organisiert erscheint die Ankündigung?
- Gibt es eine Fixierung auf bestimmte Personen?
- Wird eine subjektive Notwendigkeit zum gewalttätigen Handeln deutlich?
- Gibt es ein zeitliches Drängen für die Tat (z. B. Jahrestag eines zurückliegenden School Shootings)?

Auch Füllgrabe (2004) hat sich mit Bedrohungsanalysen befasst. Geben diese Hinweise auf direkte, spezifische und plausible Drohungen, werden z. B. Ort, Zeit, Waffe, Motivation und Opfer benannt, dann ist große Gefahr im Verzug und es muss umgehend gehandelt werden. Bei den Gefährdungsanalysen geht es darum, den Realitätsgehalt von Drohungen einzuschätzen. Je spezifischer und realistischer die Drohung ausgesprochen wird, desto ernster ist sie zu nehmen (Robertz 2004).

Schulen sollten Bedrohungsanalysen nicht alleine durchführen, sondern immer in Zusammenarbeit mit Experten der Polizei und der Schulpsychologischen Dienste. Bedrohungsanalysen sind nicht dazu da, einen bestimmten gefährlichen Schülertyp zu ermitteln, sondern stützen sich auf Verhaltensweisen und Äußerungen von Schülern, die zu konkreten Verdachtsmomenten führen. In solch einem Fall muss gut abgewogen werden. Einerseits muss gehandelt werden, um Gefahr abzuwenden, andererseits darf kein Schüler ungerechtfertigt in den Verdacht kommen, ein potenzieller School Shooter zu sein. Es muss sichergestellt sein, dass alle Informations-Puzzles zu einem Ganzen zusammengesetzt werden können, das den Verdacht einer Straftat nahelegt. Was genau gemacht und wie vorgegangen werden soll, entscheidet die Schulleitung gemeinsam mit der Polizei und den Schulpsychologen.

Verhinderung von Trittbrettfahrern und Nachahmungstätern

Die leidige Erfahrung zeigt, dass es nach fast jedem School Shooting Schüler gibt, die sich dazu verleiten lassen, Drohungen in Bezug auf weitere Gewalttaten auszustoßen. Nach Erfurt, Emsdetten und Winnenden kam es deutschlandweit zu zahlreichen Androhungen von School Shootings, die jedoch durch Intervention der Polizei im Vorfeld gestoppt und damit nicht in die Tat umgesetzt wurden. Dabei muss zwischen Trittbrettfahrern und Nachahmungstätern unterschieden werden. Erstere wollen häufig nur ihrer Freundin imponieren und ihr einen schulfreien Tag verschaffen. Oder aber sie wollen Macht ausüben und, wenn auch nur für kurze Zeit, die Polizei »an der Nase herumführen«. Sie haben durch die zurückliegenden School Shootings, die hohe Medienwirkung und die Verunsicherung in der Bevölkerung die Erfahrung gemacht, dass sie mit wenigen Worten viel anrichten können. Sie sind sich jedoch meistens ihres Tuns nicht wirklich bewusst, erlauben sich einen Scherz und wollen sich damit in den Mittelpunkt der Aufmerksamkeit stellen (Robertz und Wickenhäuser 2007).

Die Nachahmungstäter dagegen haben sich schon längere Zeit mit der Begehung ähnlicher Gewalttaten befasst und verfügen, anders als die Trittbrettfahrer, über gewalthaltige Phantasien. Sie warten nur auf einen Auslöser und nehmen den letzten Vorfall dafür zum Anlass. Die Schwierigkeit für Polizei und Schulen bleibt jedoch bestehen, zwischen »umsetzungs- und nicht umsetzungsorientierten Drohungen« zu unterscheiden (Robertz und Wickenhäuser 2007). Hierbei sind die sorgfältig durchzuführenden Bedrohungsanalysen sehr wichtig.

Doch wie sind Trittbrettfahrer und Nachahmungstäter zu verhindern? Eine wichtige Rolle spielt dabei die Medienberichterstattung. Erkenntnisse aus der Suizidforschung besagen, dass nach ausführlicher Medienberichterstattung über bekannte Personen, die sich umgebracht haben, die Anzahl der nachfolgenden Suizide steigt. Dies ist als »Werther-Effekt« in der Literatur bekannt. Sonneck hat schon im Jahre 1991 den Einfluss der Presse auf die Anzahl der U-Bahn-Suizide beschrieben und durch ein Schweigeabkommen mit der Presse erreichen können, dass die Serie von U-Bahn-Suiziden tatsächlich gestoppt werden konnte (Sonneck 2000).

Ähnliches wird auch bei School Shootings angestrebt. Auch hier spielte in der Vergangenheit die praktizierte Berichterstattung eine große Rolle für Nachahmungsfantasien und -taten (Copycat-Effekt) potenzieller Täter. Eine sehr ausführliche und emotionale Schilderung von Tathergang, Motiv und Person des Täters begünstigt die Identifikation, die Übertragung auf die eigene Person und die Nachahmung.

Das Landeskriminalamt Niedersachsen legt fünf Grundsätze für die Zusammenarbeit zwischen Polizei und Medienvertretern fest (Landeskriminalamt Niedersachsen 2009):
- Keine Vermutungen zum Motiv äußern
- Keine Fotos und Namen weitergeben
- Keine Vermutungen zur Rolle bestimmter Personen im Tathergang
- Keine konkrete Darstellung der Tat
- Keine Darstellung von Täterfantasien und emotionalem Bildmaterial (Videos, Internetauftritte, Tagebuchaufzeichnungen etc.)

Statt den Täter in den Mittelpunkt der Berichterstattung zu rücken, sollten eher die Opfer im Zentrum der Darstellung stehen, sodass die Öffentlichkeit an ihrem Leid Anteil nehmen kann (Robertz und Wickenhäuser 2007). Wenn man diese sehr einleuchtenden Forderungen mit den tatsächlichen Medienveröffentlichungen über die Gewalttaten in Erfurt, Emsdetten und Winnenden vergleicht, wird deutlich, wie viele Fehler die Presse begangen hat, denn sie hat keiner der Forderungen umgesetzt. Vielleicht bewirkt Winnenden, das aktuellste schreckliche und überaus tragische Gewaltereignis an Schulen, dass endlich ein Umdenken stattfindet und das Schweigeabkommen, d. h. die eingeschränkte Berichterstattung, die es schon beim Suizidgeschehen gibt, auf das School Shooting übertragen wird.

Ein Abschiedsbrief

Von Sebastian Bosse aus Emsdetten stammt ein Abschiedsbrief, den er am Tag der Tat und kurz vor der Ausführung auf seine Internetseite hochgeladen hat. Ähnlich wie in seinen diversen Videobotschaften, Tagebuchaufzeichnungen und Foreneinträgen drückt er darin seine Wut und seinen Hass auf alle aus, die ihn gekränkt, schikaniert und gemobbt haben. Der Brief enthält damit wertvolle Hinweise für eine Prävention.

Der Abschiedsbrief von Sebastian Bosse (Auszug):

»Wenn man weiss, dass man in seinem Leben nicht mehr Glücklich werden kann, und sich von Tag zu Tag die Gründe dafür häufen, dann bleibt einem nichts anderes übrig als aus diesem Leben zu verschwinden. Und dafür habe ich mich entschieden. Es gibt vielleicht Leute die hätten weiter gemacht, hätten sich gedacht ›das wird schon‹, aber das wird es nicht.

Man hat mir gesagt ich muss zur Schule gehen, um für mein leben zu lernen, um später ein schönes Leben führen zu können. Aber was bringt einem das dickste Auto, das grösste Haus, die schönste Frau, wenn es letztendlich sowieso für'n Arsch ist. Wenn deine Frau beginnt dich zu hassen, wenn dein Auto Benzin verbraucht das du nicht zahlen kannst, und wenn du niemanden hast der dich in deinem scheiss Haus besuchen kommt!

Das einzigste was ich intensiv in der Schule beigebracht bekommen habe war, das ich ein Verlierer bin. Für die ersten Jahre an der GSS stimmt das sogar, ich war der Konsumgeilheit verfallen, habe danach gestrebt Freunde zu bekommen, Menschen die dich nicht als Person, sondern als Statussymbol sehen.

Aber dann bin ich aufgewacht! Ich erkannte das die Welt wie sie mir erschien nicht existiert, das sie eine Illusion war, die hauptsächlich von den Medien erzeugt wurde. Ich merkte mehr und mehr in was für einer Welt ich mich befand. Eine Welt in der Geld alles regiert, selbst in der Schule ging es nur darum. Man musste das neuste Handy haben, die neusten Klamotten, und die richtigen »Freunde«. hat man eines davon nicht ist man es nicht wert beachtet zu werden. Und diese Menschen nennt man Jocks. Jocks sind alle, die meinen aufgrund von teuren Klamotten oder schönen Mädchen an der Seite über anderen zu stehen. Ich verabscheue diese Menschen, nein, ich verabscheue Menschen.

Ich habe in den 18 Jahren meines Lebens erfahren müssen, das man nur Glücklich werden kann, wenn man sich der Masse fügt, der Gesellschaft anpasst. Aber das konnte und wollte ich nicht. Ich bin frei! Niemand darf in mein Leben eingreifen, und tut er es doch hat er die Konsequenzen zu tragen! Kein Politiker hat das Recht Gesetze zu erlassen, die mir Dinge verbieten, Kein Bulle hat das Recht mir meine Waffe wegzunehmen, schon gar nicht während er seine am Gürtel trägt.

Wozu das alles? Wozu soll ich arbeiten? Damit ich mich kaputtmaloche um mit 65 in den Ruhestand zugehen und 5 Jahre später abzukratzen? Warum soll ich mich noch anstrengen irgendetwas zu erreichen, wenn es letztendlich sowieso für'n Arsch ist weil ich früher oder später krepiere?« (…)

»Aber die Gesellschaft hat nunmal keinen Platz für Individualisten. Ich meine richtige Individualisten, Leute die selbst denken, und nicht solche »Ich trage ein Nietenarmband und bin alternativ« Idioten!

Ihr habt diese Schlacht begonnen, nicht ich. Meine Handlungen sind ein Resultat eurer Welt, eine Welt die mich nicht sein lassen will wie ich bin. Ihr habt euch über mich lustig gemacht, dasselbe habe ich nun mit euch getan, ich hatte nur einen ganz anderen Humor!

Von 1994 bis 2003/2004 war es auch mein Bestreben, Freunde zu haben, Spass zu haben. Als ich dann 1998 auf die GSS kam, fing es an mit den Statussymbolen, Kleidung, Freunde, Handy usw. Dann bin ich wach geworden. Mir wurde bewusst das ich mein Leben lang der Dumme für andere war, und man sich über mich lustig machte. Und ich habe mir Rache geschworen!

Diese Rache wird so brutal und rücksichtslos ausgeführt werden, dass euch das Blut in den Adern gefriert. Bevor ich gehe, werde ich euch einen Denkzettel verpassen, damit mich nie wieder ein Mensch vergisst!« (...)

»Ich will R A C H E !

Ich habe darüber nachgedacht, dass die meisten der Schüler die mich gedemütigt haben schon von der GSS abgegangen sind. Dazu habe ich zwei Dinge zu sagen:

1. Ich ging nicht nur in eine klasse, nein, ich ging auf die ganze Schule. Die Menschen die sich auf der Schule befinden, sind in keinem Falle unschuldig! Niemand ist das! In deren Köpfen läuft das selbe Programm welches auch bei den früheren Jahrgängen lief! Ich bin der Virus der diese Programme zerstören will, es ist völlig irrelewand wo ich da anfange.

2. Ein Grossteil meiner Rache wird sich auf das Lehrpersonal richten, denn das sind Menschen die gegen meinen Willen in mein Leben eingegriffen haben, und geholfen haben mich dahin zu stellen, wo ich jetzt stehe; Auf dem Schlachtfeld! Diese Lehrer befinden sich so gut wie alle noch auf dieser verdammten schule!« (...)

»Ich hasse euch und eure Art! Ihr müsst alle sterben!

Seit meinem 6. Lebensjahr wurde ich von euch allen verarscht! Nun müsst ihr dafür bezahlen!« (...)

»Als letztes möchte ich den Menschen die mir was bedeuten, oder die jemals gut zu mir waren, danken, und mich für all dies Entschuldigen!

Ich bin weg...«

Schon im ersten Satz drückt Sebastian deutlich aus, dass er nicht anders kann, als sich das Leben zu nehmen. Der Entschluss zum Suizid steht schon beim Schreiben des Briefes fest. Alle schönen Seiten des Lebens, die man ihm nach Abschluss der Schule vorgegaukelt habe, würden an der Realität scheitern. Die Schule habe ihm beigebracht, ein Verlierer zu sein. Er gibt selbstkritisch zu, dass er eine Weile nach Konsum gestrebt und sich Freunde als Statussymbol gesucht habe. Er kritisiert jedoch sein eigenes Verhalten, das Mitlaufen in der Masse, das Gewinnstreben, die Medien, die »falschen« Freunde, die er »Jocks« nennt, und er beginnt schon hier, seinen Abscheu nicht nur gegenüber diesen Menschen auszudrücken, sondern auf alle Menschen zu übertragen. Ein tiefer Pessimismus und abgrundtiefer Hass werden deutlich, wenn er von der Zukunft spricht, für die es sich nicht lohne zu arbeiten oder sich anzustrengen. Er sieht keinen Sinn in seinem Leben und glaubt, dass die Gesellschaft keinen Platz für Individualisten wie ihn habe.

Sebastian glaubt, dass andere die ›Schlacht‹ gegen ihn begonnen hätten. Seine Handlungen seien das Resultat »eurer« Welt, und er beginnt, diese Welt zu duzen und ihr den Vorwurf zu machen, dass sie ihn nicht habe werden lassen, wie er ist. Sie habe sich über ihn lustig gemacht, ihn gedemütigt. Er spricht von brutaler und rücksichtsloser Rache, die er üben wird, von »Blut«, das »in den Adern gefriert«, von einem »Denkzettel«, den er verpassen wird.

Sebastian ist sich darüber im Klaren, dass diejenigen Schüler, die ihn gedemütigt haben, nicht mehr auf der Schule sind. Das spielt für ihn jedoch keine Rolle, denn er will seine Rache auf die ganze Schule ausdehnen, vorzugsweise jedoch auf die Lehrer, die gegen seinen Willen in sein Leben eingegriffen hätten. Sebastian wendet sich gegen jede Form von Zwang und betont nochmals, dass sein Leiden mit dem sechsten Lebensjahr, dem Schuleintritt, begonnen habe.

Die letzten Sätze enthüllen, dass es doch Menschen gibt, die ihm etwas bedeuten, und diesen dankt er und entschuldigt sich bei ihnen für sein Tun. Er schließt mit den Worten: »Ich bin weg« und zeigt damit, dass er sein Leben beenden wird.

Alarmsignale und mögliche Hinweise für die Prävention

Sebastian ist tief frustriert und desillusioniert. Versprechungen, die man ihm gegeben hat, sind nicht eingelöst worden. Das schöne Leben, von dem er wie viele Jugendliche träumt (»dickes Auto«, »schönste Frau«, »eigenes Haus«), sieht er nur negativ, d. h. er ist von Pessimismus geprägt und glaubt nicht an die Einlösung der Versprechen. Was ihm verloren gegangen ist, ist die Überzeugung, dass er seine Zukunft selbst gestalten kann. Was ihm fehlt, ist Zuversicht und das Vertrauen in die eigenen Fähigkeiten.

Schule hat die Aufgabe, genau diese Komponenten bei allen Schülern zu stärken.

Nach Antonovsky (1997) gehört die Entwicklung des Kohärenzgefühls zu den wichtigsten Aufgaben der familiären und schulischen Erziehung. Es setzt sich aus folgenden Elementen zusammen:

Ein hohes Kohärenzgefühl fördert Selbstorganisationsprozesse. Wenn Sebastian die falschen Freunde, »die Jocks«, verabscheut und den »Konsumterror« nicht mitmachen will, so wäre das ein Ansatz, den es zu unterstützen gilt. Er will sich nicht der Masse fügen, sondern Individualist bleiben. Schule muss Schülern das Gefühl geben, dass das durchaus möglich ist. Er und andere Schüler sollen und müssen ihre individuellen Fähigkeiten in der Schule verwirklichen können. Dafür muss Schule sorgen.

Sebastian betont immer wieder, dass auch er Spaß und Freunde haben wollte, was ihm jedoch durch den Konsumterror unter Klassenkameraden verleidet wurde. Sebastian hat die Oberflächlichkeit in den Beziehungen zu vielen seiner Mitschüler erkannt, das wäre eine positive Grundlage für die Gestaltung eines anderen Umgangs miteinander. Ein Ansatzpunkt für die Schule bestünde darin, Schüler darin zu unterstützen, die Jagd nach Konsumgütern nicht mitzumachen und sich von Statussymbolen frei zu machen.

So hasserfüllt Sebastian auch erscheint, so schlummern in ihm doch Ideale wie Individualität, wahre Freundschaft und Liebe. Es scheint Menschen zu geben, die ihm etwas bedeuten, denn er bedankt sich bei ihnen und bittet um Entschuldigung, d. h. er weiß, dass es Unrecht ist, was er tun wird, aber er sieht für sich keinen anderen Ausweg. Und genau dies ist die Ausgangslage für Suizid und School Shootings. Sebastian hat im Internet über sich gesprochen, hat die ganze Welt wissen lassen, wie er sich fühlt, und doch hat niemand ihn wahrgenommen.

Die Präventionshinweise, die sich aus Sebastians Abschiedsbrief und seinen anderweitigen Äußerungen ergeben, zeigen deutlich, dass Sebastians Hass auf Kränkungen, mangelnder Zuversicht und einer großen Enttäuschung beruht. Schule muss eine Kultur des Hinhörens und Hinsehens entwickeln. Alle Maßnahmen, die der Stärkung des Kohärenzgefühls dienen, haben eine gewaltpräventive Wirkung. Ähnlich wie bei den Präventionsmaßnahmen zur Verhinderung von Suiziden, empfiehlt sich auch zur Verhinderung von School Shootings eine schülerorientierte Pädagogik in der Schule, die den einzelnen Schülern das Gefühl vermittelt, in ihrer individuellen Persönlichkeit wahrgenommen zu werden. Lehrer können positive Rollenmodelle sein, Vertrauenspersonen und Ansprechpartner in der Not. Sie können Schülern durch persönliche Zuwendung und Anerkennung auch außerschulischer Leistungen zu einer Ich-Stärke verhelfen, sodass sich diese gar nicht erst in ihren negativen Gedanken verstricken und einen Hass entwickeln, der sich dann auf die gesamte Schule und schließlich auf die Gesellschaft überträgt.

Konsequenzen aus den bisherigen School Shootings

Medienberichterstattung:

Besonders nach Winnenden geriet die Berichterstattung der Medien in den Fokus der Kritik. »Eine Stadt im Ausnahmezustand«, »Blankes Entsetzen nach Blutbad« – so und anders lauteten die Schlagzeilen. Der Name des Täters und Fotos von ihm, die ihn in die Reihe anderer School Shooter stellten, wurden sehr schnell nach Bekanntwerden der Tat veröffentlicht. Details aus seinem Leben (»mittelmäßiger Schulabschluss«), Spekulationen über sein Sozialverhalten (»Rückzug«, »Einzelgänger«), seinen psychischen Zustand und seine emotionale Befindlichkeit (»Depressionen«) sowie über Therapiegespräche in einer psychiatrischen Klinik und seine Vorlieben und Freizeitaktivitäten (»Schießen mit Softairwaffen«) wurden verbreitet. Ein angeblicher Interneteintrag von ihm, in dem er seine Tat im Chat ankündigte, stellte sich im Nachhinein als Fälschung heraus.

Die Täter aus Emsdetten und Erfurt haben ihre Taten als Medienereignis geplant und vollzogen. Durch die Berichterstattung sind sie bekannt und für einige potenzielle Nachahmer vielleicht auch »berühmt« geworden. Ihre Taten werden in die Geschichte der Amokläufe bzw. School Shootings eingehen und untrennbar mit diesen Taten verbunden bleiben.

Wenn die Medien auch nur ansatzweise mithelfen können, zukünftige Gewalttaten zu verhindern, dann muss die Berichterstattung in anderer Form erfolgen und darf keiner Heroisierung Vorschub leisten. Sie sollte keine Identifizierung mit dem Täter ermöglichen. Sie dürfte – wie die Eltern der Amokopfer von Winnenden forderten – den Namen des Täters nicht nennen und keine Fotos von ihm veröffentlichen. So wie die Presse sich in den vergangenen Jahren bei Suizidhandlungen zu zurückhaltender Berichterstattung verpflichtet hat, sollte sie es auch bei School Shootings tun.

Waffenrecht:

Alle drei Täter in Deutschland haben ihre Gewalttaten mithilfe von Schusswaffen durchgeführt. Sie waren teilweise bis zu den Zähnen bewaffnet, mit großkalibrigen Gewehren, Pistolen, Rauchbomben, Sprengsätzen und Chemikalien, waren Waffennarren und hatten sich die Munition nebst Waffen lange vorher legal oder illegal beschafft. Neue amerikanische Studien belegen, dass Schusswaffen das Gehirn eines Menschen manipulieren und ungeahnte Aggressionen freisetzen können, so auch bei potenziellen Amokläufern, die aufgrund jahrelanger subjektiv erlebter Kränkungen für sich Recht und Unrecht neu definieren und zum finalen Vollstrecker werden (http://harvardmagazine.com/2004/09/death-by-the-barrel.html).

Die Eltern der Opfer von Winnenden fordern u. a. eine andere Waffengesetzgebung. Sie verweisen darauf, dass nach der bisherigen gesetzlichen Regelung schon 14-Jährigen die Ausbildung an großkalibrigen Waffen erlaubt sei und fordern die Heraufsetzung auf 21 Jahre.

Ob die Konsequenz aus den bisherigen School Shootings auf ein verschärftes Waffenrecht, mehr Kontrollen und eine sicherere Aufbewahrung von Waffen hinausläuft sowie auf ein Verbot von Spielen mit waffenähnlichen Spielzeugen wie Paintball und Laserdom, wird zurzeit noch geprüft. Die jüngsten Presseberichte über die Unterbringung von Schießständen in den Kellerräumen von nordrhein-westfälischen

Schulen, die von Schützenvereinen betrieben werden, haben das Schulministerium zur Stellungnahme bewogen, dass dies nicht wünschenswert sei. Es bleibt abzuwarten, welche Maßnahmen getroffen werden. Waffen haben in Schulgebäuden jedenfalls nichts zu suchen.

Der Hamburger Innensenator macht sich derzeit für die bundesweite Einführung eines Waffenregisters namens WANDA (Waffennachweisdatei) stark. Dies könnte ein erster kleiner Schritt zu mehr Transparenz sein und Kenntnisse über Art und Anzahl von Waffen im Privatbesitz ermöglichen.

Mediengewalt:

Von der Mehrheit der bisher bekannten School Shooter weiß man, dass sie einen exzessiven Konsum von Mediengewalt pflegte und extrem gewalthaltige Computerspiele spielte. Das Besondere an diesen sog. Killerspielen ist, dass die Spieler das Töten am Bildschirm nicht nur passiv miterleben, sondern aktiv am Computer durch Maus- oder Tastenklick ausführen. Die Personen, die sie töten, sehen lebensecht aus und geben, wenn sie getroffen werden, Schmerzlaute von sich. Blut spritzt und Knochen brechen. Der Computerspieler entscheidet, und wer die meisten Personen getötet hat, gewinnt das Spiel.

Viele School Shooter, so auch Robert Steinhäuser und Sebastian Bosse, haben sich vor der Tat beim Training auf dem Schießstand gefilmt und in Webseiten und Foren im Kampfanzug mit Waffen in den Händen und Drohgebärden dargestellt. Sie waren mit den Medien bestens vertraut und inszenierten sich selbst.

Seit den jüngsten Gewalttaten in Deutschland gerät der negative Einfluss von Mediengewalt auf Jugendgewalt immer mehr in den Blick der Öffentlichkeit. Eine neue zweijährige Längsschnittstudie zur Wirkungsforschung von Hopf, Huber und Weiß (2008) kommt zu dem Ergebnis, dass

1. das Spielen von gewalthaltigen elektronischen Spielen den stärksten Risikofaktor für Gewaltkriminalität darstellt,
2. sowohl mediale wie reale Erfahrungen von aggressiven Emotionen, verbunden mit dem Rachemotiv, die Hauptrisikofaktoren für Schülergewalt sind.

Die Autoren zeigen weiterhin, dass der Konsum von Horror- und Gewaltfilmen in der Kindheit und die Beschäftigung mit gewalthaltigen elektronischen Spielen in der beginnenden Adoleszenz einen deutlichen Einfluss auf Gewalttätigkeit in der Schule und Gewaltkriminalität im Alter von 14 Jahren haben.

Das Interessante an dieser Studie ist, dass auch Einflussfaktoren wie Erleben von Eltern- und Gruppengewalt sowie andere Risikofaktoren wie Familie, Schule, Peergroup oder Persönlichkeitsmerkmale in der Analyse berücksichtigt worden sind. Dennoch hatten der frühe Konsum von Horror-Gewalt-Filmen sowie der Faktor Computergewaltspiele den stärksten Einfluss auf die Schülergewalt von 14-Jährigen und deren Delinquenz.

Ein weiteres Ergebnis der Studie ist, dass Computerspiele und Horrorfilme die Entwicklung von Hass, Wut und Rache bei Kindern und Jugendlichen stärken. Sie lernen dadurch aggressive Emotionen und stellen eine Gefahr für die Gesellschaft und damit auch für die Schule dar.

Eltern sollten einen Mindeststandard an Computerkenntnissen haben, um zu wissen, welche Spiele ihr Kind spielt. Die meisten Eltern wissen es nicht. Anders als bei der Auswahl von Fernsehfilmen kommt es zwischen Eltern und Jugendlichen fast nie zu Meinungsunterschieden, wenn es um die Auswahl von Computerspielen geht, weil die Eltern sich nicht auskennen. Seit neuestem gibt es Eltern-LAN-Treffen (**L**ocal **A**rea **N**etwork), in denen Eltern gängige Computerspiele kennen lernen können, um zu erfahren, worin die Faszination dieser Spiele besteht und um besser entscheiden zu können, welche Spiele vertretbar sind und welche nicht.

Selbst wenn alle obengenannten Konsequenzen gezogen würden, kann nicht garantiert werden, dass damit in Zukunft School Schootings verhindert werden; aber sie könnten zumindest erschwert werden.

Weiterführendes

Adler, Lothar: Amok. Eine Studie. Belleville 2000.
Antonovsky, Aaron: Salutogenese. Zur Entmystifizierung von Gesundheit. Deutsche Gesellschaft für Verhaltenstherapie (DGVT) 1997.
Engelbrecht, Arthur/Storath, Roland: Erziehen: Handlungsrezepte für den Schulalltag in der Sekundarstufe. In Krisen helfen. Cornelsen 2005.
Ev.-luth. Kirche in Bayern/Katholisches Schulkommissariat in Bayern (Hrsg.): »Wenn der Notfall eintritt...« Handbuch für den Umgang mit Tod und anderen Krisen in der Schule. 2006.

Füllgrabe, Uwe: Akutes Risiko – Leere Drohung? Wissenschaftlich fundierte Gefahreneinschätzung von Gewaltdrohungen. In: Report Psychologie 03/03, 150–151, 2004.

Hoffmann, Jens/Wondrak, Isabel (Hrsg.): Amok und zielgerichtete Gewalt an Schulen. Früherkennung/Risikomanagement/Kriseneinsatz/Nachbetreuung. Verlag für Polizeiwissenschaft 2007.

Hopf, Werner, H./Huber, Günter, L./Weiß, Rudolf, H.: Media Violence And Youth Violence. A 2-Year Longitudinal Study. Journal of Media Psychology 2008; Vol. 20 (3):79–96.

Karutz, Harald/Lasogga, Frank: Kinder in Notfällen. Psychische Erste Hilfe und Nachsorge. Stumpf + Kossendey 2008.

Koll, Karsten/Rudolph, Jürgen/Thimme, Hilde: Schock im Schulalltag! Handlungspläne für Krisensituationen. AOL 2005.

Landeskriminalamt Niedersachsen (Hrsg.): Zielgerichtete Gewalt und Amokläufe an Schulen. Informationsschrift/Handout zu Phänomenologie und Prävention 2009.
http://cdl.niedersachsen.de/blob/images/C54305088_L20.pdf.

Lübbert, Monika: Amok. Der Lauf der Männlichkeit. Verlag für Polizeiwissenschaft 2002.

Pöldinger, Walter: Die Abschätzung der Suizidalität. Huber 1968.

Robertz, Frank, J.: school shootings. Über die Relevanz der Phantasie für die Begehung von Mehrfachtötungen durch Jugendliche. Verlag für Polizeiwissenschaft 2004.

Robertz, Frank/Wickenhäuser, Ruben: Der Riss in der Tafel. Amoklauf und schwere Gewalt in der Schule. Springer 2007.

Sachs, Josef: Umgang mit Drohungen. Von Telefonterror bis Amoklauf. orell füssli 2009.

Scheithauer, Herbert/ Bondü, Rebecca: Amoklauf. Wissen was stimmt. Herder 2008.

Sonneck, Gernot: Krisenintervention und Suizidverhütung. UTB 2000.

Sprague, Jeffrey/Walker, Hill: Safe and Healthy Schools. Practical Prevention Strategies. Guilford Press 2005.
http://harvardmagazine.com/2004/09/death-by-the-barrel.html

8. Ein umfassender Schritt in der Gewaltprävention: Für eine notfallpsychologische Versorgung aller Schulen

- Notfallpläne der Länder
- Bildung von Krisenteams als präventive Maßnahme aller Schulen
- Schulpsychologen als Notfallhelfer

Notfallpläne der Bundesländer

Aus Anlass der überaus schockierenden School Shootings in Erfurt (2002), Emsdetten (2006) und Winnenden (2009) haben die Kultus- und Schulministerien aller Bundesländer Notfallpläne herausgegeben bzw. sind dabei, sie zu überarbeiten. Im Folgenden wird eine Auswahl der bislang erschienenen Notfallpläne vorgestellt.

Notfallpläne sind eine Handreichung speziell für Schulen und Schulleitungen, um sich auf Krisen und Notfälle vorzubereiten und im Falle ihres Eintretens schnell und professionell handeln zu können. Notfallpläne stellen Handlungsempfehlungen für den Umgang mit schwerwiegenden Krisen dar und sind aus der leidvollen Erfahrung entstanden, dass in Notfallsituationen oftmals Chaos, überstürztes Handeln, Handlungsunsicherheit oder gar Handlungslähmung herrschen. Jeder Notfall, jede Krise, jedes schwerwiegende Ereignis stellt die in der Schule Beschäftigten vor besondere Anforderungen und Belastungen. Es bleibt keine Zeit, grundsätzliche Überlegungen anzustellen, sondern es muss schnell, gezielt und professionell gehandelt werden. In kürzester Zeit müssen lebenswichtige Entscheidungen getroffen werden.

Aus diesem Grund ist es außerordentlich sinnvoll, mit Notfallplänen klare, übersichtliche und gut umsetzbare Hinweise zu geben, auf die im Ernstfall pragmatisch zurückgegriffen werden kann. Diesem Anspruch genügen alle Notfallpläne, die hier nur beispielhaft wiedergegeben werden (Baden-Württemberg, Bayern, Berlin, Hamburg, Hessen, Nordrhein-Westfalen, Rheinland-Pfalz und Thüringen). Sie sind übersichtlich in einem oftmals grellen Ordner als Lose-Blatt-Sammlung nach Sachthemen oder Gefährdungsgraden angeordnet oder liegen gebunden in Heftform vor. Ersteres hat den Vorteil, dass sie in der Lehrerbibliothek schnell zu finden sind und bestimmte Verhaltensweisen in Krisen sowie ein spezielles Krisenmanagement rasch nachgeschlagen werden können. Sie sind entweder von den entsprechenden Ministerien (Berlin, Hamburg, Hessen, Nordrhein-Westfalen, Rheinland-Pfalz und Thüringen), dem jeweiligen Landesinstitut (Hamburg), von schulpsychologischen Krisenteams (Bayern) oder von den Kirchen (Bayern) herausgegeben.

Die Hilfen, die Notfallpläne bieten, ob als Ordner, Handbuch, Leitfaden oder Rahmenkrisenplan herausgegeben, bestehen darin, Schulen vorab für eventuelle Krisen zu sensibilisieren, damit sie sich vorbereiten und mit Krisenszenarien, Interventionsmaßnahmen und Bewältigungsstrategien auseinandersetzen können. Sie enthalten darüber hinaus Muster von Checklisten, Telefon- und Erreichbarkeitslisten, in die die Besonderheiten der jeweiligen Schule und der in ihr Beschäftigten eingetragen werden können sowie Muster-Informationsbriefe an Eltern für bestimmte Anlässe.

Die Notfallpläne der einzelnen Länder sind inhaltlich unterschiedlich aufgebaut.

Baden-Württemberg

Der in gebundener Form herausgegebene **Rahmenplan** enthält allgemeine Verhaltensgrundsätze bei Gewaltvorfällen sowie Vorgehensweisen bei der Erstellung eines Krisenplans und Hinweise zu seinem Gebrauch. Ganz besonders wichtig für den schnellen Überblick in Krisensituationen sind seine Alarmierungs- und Erreichbarkeitslisten und die Angaben zum Gebäude der Schule (Grundriss, Raumverteilung, Anzahl der Ein- und Ausgänge, der genutzten Stockwerke, der Kellerräume, Lagerräume, Aufenthaltsbereiche usw.). Von großer Bedeutung sind ferner die Listen von der Anzahl der Schulbediensteten sowie der Schülergesamtzahl und der Klassenzahlen. Zusätzlich hat das Ministerium eine Handreichung für Lehrkräfte und Erzieher/innen »Vom Umgang mit Trauer in der Schule« herausgegeben, die sehr nützlich ist und gute Hilfen bietet.

Bayern

Die »**Hilfen zur Krisenintervention an Schulen**«, von den **Bayrischen Schulpsychologen** herausgegeben, sind in drei Abschnitte eingeteilt:

8. Ein umfassender Schritt in der Gewaltprävention

Fürsorge, Nachsorge, Vorsorge. Sie werden hier auszugsweise wiedergegeben.

Die Fürsorge bezieht sich auf das Handeln während eines akuten Geschehens, z. B. eines Amoks oder School Shootings.

Fürsorge:
- Polizei informieren Tel.: 110
- für erste Hilfe sorgen
- Krisenteamleiter informieren/beauftragen
- mit Krisenteamleiter Informationen an die Polizei weitergeben
- zuständige Schulaufsicht informieren
- für die eigene Sicherheit und die von Schülern und Schulpersonal sorgen
- Medienvertreter auf die Pressestelle der Polizei verweisen
- Informationen an Familien mit polizeilichem Einsatzleiter absprechen und koordinieren
- bei der Erstellung von Anwesenheitslisten der Schüler und Schulangehörigen mitwirken
- eigene Familie informieren und für deren Sicherheit sorgen

Die zentrale Zielsetzung in der Fürsorge-Phase besteht darin,
- den Polizeieinsatz so schnell wie möglich in Gang zu bringen
- den Einsatz der Hilfskräfte durch Information zu unterstützen
- Informationen gegebenenfalls an Schulangehörige weiterzugeben
- Hilfemaßnahmen zu unterstützen
- Eigensicherungsmaßnahmen zu ergreifen, ohne sich durch falsch verstandenes Heldentum selbst in Gefahr zu bringen
- Medienarbeit in dieser Phase den polizeilichen Fachkräften zu überlassen

Der Amoklauf oder das School Shooting spielt sich in der Mehrzahl der Fälle in kürzester Zeit ab und ist nach wenigen Minuten entweder durch den Polizeieinsatz oder durch den Suizid des Täters beendet. Dennoch sind die psychischen Folgen schwerwiegend und oft jahrelang nachweisbar. Daher kommt der Nachsorge eine große Bedeutung zu. Für alle Länder, nicht nur für Bayern, gilt, dass finanziell die Unfallkassen der einzelnen Länder helfen. Daher müssen sie so bald wie möglich benachrichtigt werden.

Nachsorge:
Am Tag danach und später müssen viele Gespräche mit den Schülern und Lehrern zur psychischen Bearbeitung des Geschehens und zur Re-Stabilisierung geführt werden. Hierbei ist vor allem schul- und notfallpsychologische Kompetenz gefragt, denn es geht um die Bewältigung von Tod und Trauer, von Schmerz und Verlust. Ferner geht es um Ängste vor weiteren Gewalttaten. Viele Fragen müssen geklärt werden, z. B.: »Bei wem zeigen sich psychotraumatische Belastungsstörungen?« »Wer benötigt eine besondere Betreuung?« »Welche Verarbeitungsangebote können gemacht werden?« »Wie wird die Trauerfeier gestaltet«? »Wer nimmt an der Beerdigung teil«? »Wann soll die Schule wieder geöffnet werden bzw. der normale Unterricht wieder stattfinden?«

Vorsorge:
Mit einigem Abstand zum Krisenereignis muss überlegt werden, was das Geschehen für die einzelnen Personengruppen bedeutet, für die Mitglieder des Krisenteams, das Lehrerkollegium, die Schülerschaft, aber auch für das Schulklima und die Zusammenarbeit mit den Eltern, der Gemeinde und mit bestimmten Institutionen. Weiterhin muss reflektiert werden, wie sich der Ablauf der Krisenintervention gestaltet hat, welche Maßnahmen günstig und welche ungünstig waren. Aus diesen Überlegungen ergibt sich, welche langfristigen Konsequenzen aus dem Geschehen zu ziehen sind und wie Nachfolgetaten begegnet werden kann.

Während es in der Krise gilt, die Betroffenen zu schützen, zu stabilisieren und ihre Ressourcen zu mobilisieren, geht es in der Nachsorge darum, die Folgen zu mildern, zu normalisieren und Gewalt im Kleinen zu begegnen, um Gewalt im Großen nicht aufkommen zu lassen. Jede Schule, die von einem School Shooting betroffen war, fragt sich im Nachhinein, wie und ob sie dies hätte verhindern können. Auch wenn das nach dem derzeitigen Stand der Forschung höchst fraglich ist und Schule Straftaten in Einzelfällen nicht verhindern kann, so sind doch Projekte der Gewaltprävention in Schulen wirksam, die sich für eine »erziehende Schule« einsetzen, die Elternarbeit optimieren und sich für die Stärkung der psychischen Gesundheit aller an der Schule Beteiligten engagieren (s. Kap. 1–7).

Bei dem Ordner »**Handbuch für den Umgang mit Tod und anderen Krisen in der Schule**«, der von der **evangelisch-lutherischen Kirche** und dem **katholischen Schulkommissariat in Bayern** gemeinsam herausgegeben worden ist, handelt es sich nicht um Notfallpläne im eigentlichen Sinne, sondern um ein Handbuch mit vielen wertvollen, kirchlich geprägten Informationen über den Umgang mit Tod und Trauer. Andere Ereignisse und Belastungen wie Scheitern in der Schule, Schulangst und Schulverweigerung oder auch Krisen in der Familie wie Gewalt, Arbeitslosigkeit, Scheidung und Krankheit werden beleuchtet.

Das Handbuch sticht unter den von den Ministerien der Länder herausgegebenen Notfallordnern zum einen durch seinen Umfang und zum anderen durch sein breit gefächertes Themenspektrum hervor. Es enthält im letzten Kapitel zwar auch Listen für das Krisenmanagement und Handlungsorientierungen für den Notfall, aber es will doch in erster Linie für das, was im Notfall passiert, sensibilisieren. Unter dieser Zielrichtung stehen Kapitel wie »Notfall, Trauma, Krise«, »Kirche begleitet«, »Psychohygiene und Ressourcenarbeit«, »Krisenmanagement und Wege der Begleitung«, die zum Nachdenken anregen und eine Struktur anbieten, um den Betroffenen hilfreich zur Seite stehen zu können. Das ausführlichste und auch zentrale Kapitel heißt »Tod und Trauer in der Schule«. Es beruht auf dem Erfahrungsschatz beider Kirchen im Umgang mit Tod und Trauer und greift auf ein großes Methodenrepertoire zurück, das für die Bewältigung schulischer Krisen, für Todesereignisse im schulischen Kontext, für Krisenintervention nach dem Suizid von Schülern, für Fragen von Kindern und Jugendlichen nach dem Tod und Sterben von allergrößtem Wert sind.

Hamburg

Hamburg unterscheidet in seinem »**Handlungsleitfaden für Hamburger Schulen**« zwischen schulischen Katastrophen und schulischen Krisen. Während die ersteren Großschadensereignisse wie Amok, Brand, Feuer, Gebäudeeinsturz sind, die die gesamte Schulgemeinde betreffen und eine Vielzahl externer Helfer (Polizei, Feuerwehr, Notfallseelsorge, DRK und Notfallpsychologen) erfordern, sind die letzteren Ereignisse, die einen Teil der Schulgemeinschaft betreffen, etwa die Lehrerschaft, einzelne Klassen oder Jahrgangsstufen (Tod, Suizid). Die Kapitel sind sehr übersichtlich eingeteilt in: »Katastrophe«, »Krise«, »Tod und Trauer«, »Gewaltdrohungen«, »Umgang mit den Medien«, »Lage- und Gebäudepläne«, »Beratung und Literatur« sowie »Schulisches Krisenteam«. Das Kapitel »Gewaltdrohungen« enthält wertvolle Hilfen zur

Einschätzung von Bedrohungen. Für substanzielle Bedrohungen sprechen:
- Es treten in der Drohung spezifische Details auf, wie etwa bestimmte Daten.
- Die Drohung wurde wiederholt oder gegenüber unterschiedlichen Personen geäußert.
- Die Drohung impliziert konkrete Planungshandlungen.
- Der Schüler hat Komplizen oder versucht, Zuschauer für eine Tat zu werben.
- Es lässt sich physische Evidenz finden, wie z. B. eine Schusswaffe oder eine Liste potenzieller Opfer.

Das ebenfalls sehr ausführliche Kapitel »Tod und Trauer« ähnelt dem des bayrischen Ordners und kann als Fundgrube für den Umgang mit diesem Thema angesehen werden.

Auch die Hinweise zum Verhalten bei Entgegennahme einer telefonischen Drohung sind sehr nützlich:
- möglichst viele Details merken,
- den Anrufer nicht unterbrechen,
- nachfragen,
- versuchen Kontakt zu halten,
- nach Beendigung des Gesprächs den Hörer nicht auflegen.

Dasselbe gilt für die Angaben zum Absetzen eines Notrufs an die Polizei (110):
- Name und Adresse der Schule angeben
- Was ist geschehen?
- Wo ist es geschehen?
- Wie viele Personen sind verletzt?
- Warten auf Rückfragen

Die Beratungsstellen- und Literaturhinweise sind wertvoll und sorgfältig zusammengestellt.

Hessen

Hessen verfolgt in seinem Leitfaden vor allem vier Zielsetzungen:

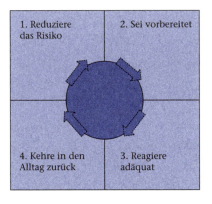

Das erste Handlungsfeld heißt »Reduziere das Risiko«, d. h. dass allgemeine präventive Maßnahmen getroffen werden müssen, um eine »Kultur der Sicherheit« zu schaffen. Hierzu gehört ein Klima des Vertrauens und eine Atmosphäre der Offenheit zwischen Lehrern und Schülern sowie darüber hinaus ein funktionierendes Regelwerk, in dem das soziale Miteinander aller Beteiligten geregelt ist.

Das zweite Handlungsfeld fordert zur Vorbereitung auf und meint die Klärung von Kommunikationsabläufen, Kooperationsstrukturen und Verantwortlichkeiten, z. B. die Bildung eines schulinternen Krisenteams.

Das dritte Handlungsfeld beschreibt die adäquate Reaktion auf Bedrohungen und Krisen und behandelt das frühzeitige Erkennen von Warnsignalen oder auch die Einschätzung eines Gefahrenpotenzials.

Das vierte Handlungsfeld beinhaltet alle Maßnahmen nach Beendigung einer akuten Bedrohungssituation, d. h. die Arbeit mit Betroffenen. Im Vordergrund steht die psychische Bewältigung des Erlebten. Sie besteht vor allem in der Reduktion von Spannungen mit dem Ziel, eine emotionale Stabilisierung herzustellen.

Berlin und Nordrhein-Westfalen

Die **Notfallpläne für Schulen in Berlin und Nordrhein-Westfalen** sind fast identisch und nach demselben Muster aufgebaut. Sie teilen die Notfälle in drei verschiedene Gefährdungsgrade ein, die mit den Farben rot (III), gelb (II) und grün (I) gekennzeichnet sind:

Gefährdungsgrad III	Gefährdungsgrad II	Gefährdungsgrad I
Notfälle in unmittelbarer Verantwortung der Polizei	Notfälle in Verantwortung der Schule und der Polizei in Zusammenarbeit mit außerschulischen Helfersystemen	Notfälle in Verantwortung der Schule
• Totschlag • Amoklauf • Drohung mit Sprengsätzen • Geiselnahme • Schusswaffengebrauch • Selbstmord/Todesfall • Brandfall	• Körperverletzung • Erpressung/Raub • Morddrohung • Morddrohung im Internet • Amokdrohung • Schwere Sachbeschädigung • Waffenbesitz • Gebrauch von Waffen • Sexuelle Übergriffe • Selbstmordankündigung • Selbstmordversuch • Extremismus	• Rangelei/Kleine Schlägerei • Beleidigung von Lehrkräften • Sachbeschädigung • Wiederholte Anpöbelei • Selbstmordgedanken • Todesfall im schulischen Umfeld

Im Vordergrund steht bei schwerwiegenden Krisen, die dem Gefährdungsgrad III oder II entsprechen und in unmittelbarer Verantwortung der Polizei liegen, immer die Sofortreaktion, die darin besteht, die Polizei über den Notruf 110 zu alarmieren und folgende Hinweise zu übermitteln:

Sofortreaktion:
- Was geschieht/geschah?
- Wer handelt (ein/mehrere Täter)?
- Wie handelt der Täter (Schusswaffengebrauch, Geiselnahme)?

Danach erfolgen für alle Krisensituationen jeweils fünf Schritte, die im Einzelnen je nach Notfallsituation näher ausgeführt werden:

8. Ein umfassender Schritt in der Gewaltprävention

1. Eingreifen/Beenden
2. Opferhilfe/Maßnahmen einleiten
3. Informieren
4. Nachsorgen/Aufarbeiten
5. Ergänzende Hinweise

Bei den Notfallsituationen geringeren Gefährdungsgrades (I) entfällt die sofortige Benachrichtigung der Polizei. Allerdings gelten auch hier die fünf Schritte, die verhindern sollen, dass aus kleinen Gewalttaten große werden.

Rheinland-Pfalz

Der Ordner »**Eine Handreichung für den Umgang mit Krisensituationen an Schulen**« betont die Zusammenarbeit mit den Schulpsychologischen Diensten, der Polizei und Feuerwehr sowie den Hilfsorganisationen. Es wird an die Schulen appelliert, den ›Eventualfall im Blick‹ zu haben. Für den Umgang mit Medien gibt es wertvolle Informationen sowie exemplarische Vorschläge für das Vorgehen bei krisenhaften Ereignissen.

Thüringen

Der Notfallplanordner aus Thüringen »**Umgang mit Krisen und Notfällen an Schulen**« gibt für Notfallsituationen wie Amok, Unfälle der verschiedensten Art, Todesfälle, Eskalationen von Gewalt stets dasselbe Ablaufschema der Benachrichtigung der verantwortlichen Personen an. Am Beispiel des Amokgeschehens wird es hier wiedergegeben:

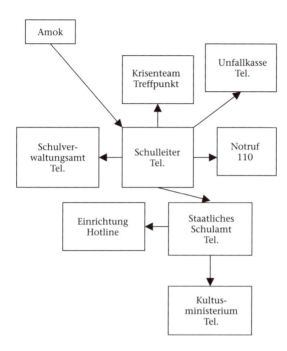

Bildung von Krisenteams als präventive Maßnahme

So unterschiedlich die einzelnen Ordner auch sind, sie alle betonen die Bildung von Krisenteams zur Vorbereitung auf eine Krise, zur gemeinsamen Bewältigung einer Krise und zur Nachbetreuung der Betroffenen. Darüber hinaus wird auf die Notwendigkeit ihrer Zusammenarbeit mit Polizei, Rettungskräften, Notfallseelsorge, Schulpsychologie, Erziehungsberatung, Jugendamt und den Unfallkassen der Länder hingewiesen.

Krisenteams sind für die Koordination aller Maßnahmen des Krisenmanagements zuständig, aber auch für die Entwicklung von Gewaltpräventionskonzepten. Im nordrhein-westfälischen Ordner wird im Anhang auf pädagogische Initiativen gegen Gewalt in Schulen hingewiesen. Besonders hervorgehoben werden

8. Ein umfassender Schritt in der Gewaltprävention

- Streit-Schlichter-Modelle (Jefferys-Duden 2002, 2008)
- Programm »Faustlos« (Cierpka 2009)
- Anti-Bullying-Programm (Olweus 2006)
- »Trainingsraum-Methode« (Bründel/Simon 2007)

Das unterstreicht noch einmal die Intention der Notfallpläne, die Präventionsaktivitäten einer Schule besonders zu betonen und Schulen anzuregen, schon im Vorfeld von Krisen erzieherisch, helfend und unterstützend tätig zu werden und die Schüler in ihrer Persönlichkeitsentwicklung zu stärken.

Schulinterne Krisenteams bestehen aus dem Teamleiter (Schulleitung), dem Pressesprecher (Lehrer), Ersthelfer (Lehrer), Sekretärin, Hausmeister und dem Schulpsychologen (intern oder extern). Innerhalb eines Teams haben die Teammitglieder ganz bestimmte Aufgaben: Der Teamleiter sorgt jeweils für die Arbeitsfähigkeit des Teams und beruft es ein, der Pressesprecher knüpft im Vorfeld Kontakte zu örtlichen Medienvertretern und gibt im Notfall ausschließlich gesicherte Informationen weiter, der Ersthelfer hat Kenntnis über Standort, Ausstattung und den aktuellen Zustand von Verbandmaterial und ist im Ernstfall für Erste-Hilfe-Maßnahmen zuständig, die Sekretärin aktualisiert alle Erreichbarkeits- und Klassenlisten und versieht den Telefondienst, der Hausmeister überprüft regelmäßig alle Brand- und Alarmanlagen und hält Flucht- und Evakuierungspläne vor. Der Schulpsychologe berät den Teamleiter in allen psychologischen Fragen, ist mit den lokalen Unterstützungssystemen vertraut (Beratungsstellen, Sozialarbeiter, Jugendamt) und versieht im Notfall die Erste-Psychologische-Hilfestellung.

Alle Notfallplanordner betonen die Zusammenarbeit mit den Schulpsychologischen Diensten. Durch die tragischen Ereignisse in Erfurt, Emsdetten und Winnenden haben die jeweiligen Schulpsychologen dank ihrer tatkräftigen Hilfe und Unterstützung eine hohe Wertschätzung erfahren, was sich in den Medienberichten widerspiegelt. Es ist aber auch deutlich geworden, wie notwendig eine solche Hilfe ist und dass mehr Schulpsychologen gebraucht werden. Das Verständnis für die Kompetenzen der Schulpsychologen ist gewachsen. Viele Bundesländer haben daher ihre Anzahl spürbar erhöht und zusätzlich für weitere Fortbildung in Notfallpsychologie gesorgt.

Schulpsychologen als Notfallhelfer

Nordrhein-Westfalen hat ein Jahr nach dem School Shooting von Erfurt (2002) in Kooperation mit dem Ministerium für Schule und Weiterbildung des Landes NRW und den Kommunalen Spitzenverbänden sowie dem GUVV (Gemeindeunfallversicherungsverband, seit 2008 Unfallkasse NRW) die Fortbildung von Schulpsychologen zu Notfallpsychologen begonnen und damit die Entwicklung regionaler Netzwerke zur Schulpsychologischen Krisenintervention angeregt. Voraussetzung ist der Diplom- oder Masterabschluss in Psychologie und eine mindestens dreijährige aktuelle Berufstätigkeit im Feld Schulpsychologie oder in einer psychologischen Beratungsstelle für Kinder und Jugendliche. Ziel der Fortbildung ist es, Schulpsychologen verstärkt in die Lage zu versetzen, im Krisenfall die Koordination der Akutversorgung und der Therapie psychischer Traumata von Lehrern und Schülern zu übernehmen. Weiterhin gehören die Beratung und Begleitung der Schulleitung im Krisenmanagement und alle Nachsorgemaßnamen an der Schule zu ihren Aufgaben. Ausbildungsinhalte sind vertiefende Kenntnisse in folgenden Themenfeldern:

- Informationen über zielgerichtete Gewalt und Amok an Schulen
- Bedrohungsanalyse von zielgerichteter Gewalt an Schulen in Zusammenarbeit mit der Polizei
- Psychotraumatologie bei Erwachsenen, Kindern und Jugendlichen
- Psychologische Erste Hilfe und Krisenintervention im Einzel- und Gruppensetting in der Schule
- Organisationsabläufe im Systemfeld Schule
- Ablauforganisation von Feuerwehr, Rettungsdiensten und Polizei bei Amoklagen
- Leistungen der Unfallkasse
- Kooperation mit anderen Krisendiensten wie Notfallseelsorge
- Umgang mit Presse und Medien im Krisenfall

Notfallpsychologen bilden sich regelmäßig in Regionalteams fort. Angestrebt wird, dass in jedem Kreis und in jeder kreisfreien Stadt mindestens ein in Notfallpsychologie ausgebildeter Schulpsychologe qualifiziert ist. Gibt es eine Krise oder Notfallsituation an einer Schule, so arbeiten die Schulpsychologen aus dem jeweiligen Regionalteam zusammen, das der Schule örtlich am nächsten ist.

8. Ein umfassender Schritt in der Gewaltprävention

Die Erfahrungen mit der Betreuung der Betroffenen und der Krisenbewältigung in Winnenden haben gezeigt, wie hilfreich die Unterstützung der ausgebildeten Schulpsychologen aus den umliegenden Bundesländern, z. B. aus Bayern, Hessen, Nordrhein-Westfalen, Rheinland-Pfalz und Thüringen gewesen ist. Sie haben mit ausdrücklicher Billigung ihrer Dienstherren ihre Termine kurzfristig verschoben, auch ihre privaten Belange zurückgestellt, und standen ihren baden-württembergischen Kollegen professionell und kompetent zur Seite. Dieses schul- und länderübergreifende Zeichen der Solidarität kann nicht hoch genug geschätzt werden. Die Netzwerke ›schulpsychologische Krisenintervention‹, die schulpsychologischen Kriseninterventions- und -bewältigungsteams in den Bundesländern haben sich bewährt.

Auch wenn Gewalttaten Einzelner in Zukunft nicht ausgeschlossen werden können, so haben Schulen doch vielfältige Möglichkeiten, um ein gutes soziales Klima unter Lehrern und Schülern herzustellen und eine Kultur der Sicherheit zu schaffen. Die sieben Schritte in der Gewaltprävention können ein Wegweiser sein, um auf gefährdete und gefährdende Schüler aufmerksam zu werden, mit ihnen Kontakt aufzunehmen, mit ihnen ein Gespräch zu beginnen, ihnen zuzuhören und ihnen zu helfen, sich in der Schule wieder wohl zu fühlen.

Weiterführendes

Notfallpläne der Länder
Baden-Württemberg: *»Rahmenkrisenplan«. Hrsg.: Innenministerium und Ministerium für Kultus, Jugend und Sport 2006.*

Baden-Württemberg: *Handreichung für Lehrkräfte und Erzieher/Innen: »Vom Umgang mit Trauer in der Schule« Hrsg. Ministerium für Kultus, Jugend und Sport 2008.*

Bayern: *»Hilfen zur Krisenintervention an Schulen«. Handreichung auf der Grundlage der Erfahrungen des Kriseninterventions- und -bewältigungsteams der Bayrischen Schulpsychologen, KIBBS o. J.*

Bayern: *»Wenn der Notfall eintritt«, Handbuch für den Umgang mit Tod und anderen Krisen in der Schule. Hrsg.: Evangelisch-lutherische Kirche in Bayern und katholisches Schulkommissariat in Bayern 2006.*

Berlin: *»Notfallpläne für die Berliner Schulen«. Hrsg.: Senatverwaltung für Bildung, Jugend und Sport 2005.*

Hamburg: *»Krisenordner, Handlungsleitfaden für Hamburger Schulen«. Hrsg.: Landesinstitut für Lehrerbildung und Schulentwicklung. Beratungsstelle Gewaltprävention 2008.*

Hessen: *»Ein Leitfaden für Schulen«. Hrsg.: Kultusministerium und Ministerium des Innern und für Sport: Handeln in Krisensituationen 2007.*

Nordrhein-Westfalen: *»Notfallpläne für die Schulen in Nordrhein-Westfalen«. Hrsg.: Ministerium für Schule und Weiterbildung 2007.*

Rheinland-Pfalz: *»Eine Handreichung für den Umgang mit Krisensituationen an Schulen«. Hrsg.: Ministerium für Bildung, Wissenschaft, Jugend und Kultur 2007.*

Thüringen: *»Umgang mit Krisen und Notfällen an Schulen, Checklisten, Arbeitsmaterialien, Arbeitshilfen«. Hrsg.: Thüringer Institut für Lehrerbildung, Lehrplanentwicklung und Medien im Auftrag des Thüringer Kultusministeriums 2002.*

Literatur

Abteilung Schulpsychologie/Bildungsberatung des Landesschulrates für Steiermark (Hrsg.): Was tun? Handlungsleitfaden für Pädagoginnen und Pädagogen im Umgang mit speziellen Problemsituationen. O.J.

Adler, Lothar: Amok. Eine Studie. Belleville 2000.

Antonovsky, Aaron: Salutogenese. Zur Entmystifizierung von Gesundheit. Deutsche Gesellschaft für Verhaltenstherapie (DGVT) 1997.

Baier, Dirk/Pfeiffer, Christian/Simonson, Julia/Rabold, Susann: Jugendliche in Deutschland als Opfer und Täter von Gewalt. Erster Forschungsbericht Nr. 107. Kriminologisches Forschungsinstitut Niedersachsen 2009.

Bergner, Thomas M. H.: Burnout-Prävention. Das 9-Stufen-Programm zur Selbsthilfe. Schattauer 2009.

Bründel, Heidrun/Amhoff, Birgit/Deister, Christiane: Schlichter-Schulung in der Schule. borgmann 1999.

Bründel, Heidrun: Jugendsuizidalität und Salutogenese. Hilfe und Unterstützung für suizidgefährdete Jugendliche. Kohlhammer 2004.

Bründel, Heidrun: Schülersuizid. Prävention, Intervention, Postvention. In: SchulVerwaltung spezial. Sonderausgabe. Zeitschrift für SchulLeitung, SchulAufsicht und SchulKultur 1, S. 15–18, 2004a.

Bründel, Heidrun/Simon, Erika: Die Trainingsraum-Methode. Unterrichtsstörungen. Klare Regeln, klare Konsequenzen. 2. erw. und akt. Aufl. 2007.

Bueb, Bernhard: Lob der Disziplin. Eine Streitschrift. List 2006.

Cierpka, Manfred: Faustlos – Wie Kinder Konflikte gewaltfrei lösen lernen. Das Buch für Eltern und Erziehende. Herder 2009.

Durach, Bärbel/Grüner, Thomas/Napast, Nadine: Das mach ich wieder gut. Mediation – Täter-Opfer-Ausgleich – Regellernen. AOL 2002.

Eink, Michael/Haltenhof, Horst: Basiswissen: Umgang mit suizidgefährdeten Menschen. 2. Aufl. Psychiatrie Verlag 2007.

Engelbrecht, Arthur/Storath, Roland: In Krisen helfen. Erziehen: Handlungsrezepte für den Schulalltag in der Sekundarstufe. Cornelsen 2005.

Fisher, Roger/Ury, William/Patton, Bruce: Das Harvard-Konzept. Sachgerecht verhandeln – erfolgreich verhandeln. Campus 2004.

Füllgrabe, Uwe: Akutes Risiko – Leere Drohung? Wissenschaftlich fundierte Gefahreneinschätzung von Gewaltdrohungen. In: Report Psychologie 03/03, 150–151, 2004.

Giesecke, Hermann: Wie lernt man Werte? Grundlagen der Sozialerziehung. Juventa 2005.

Glasl, Friedrich: Konfliktmanagement. Ein Handbuch für Führungskräfte, Beraterinnen und Berater. 8. akt. u. erg. Aufl. Huber 2004.

Glasl, Friedrich: Selbsthilfe in Konflikten. Konzepte – Übungen – Praktische Methoden. Verlag Freies Geistesleben 2007.

Grüner, Thomas/Hilt, Franz: Bei Stopp ist Schluss. Werte und Regeln vermitteln. AOL 2008.

Hagemann, Wolfgang: Burnout bei Lehrern. Ursachen, Hilfen, Therapien. Beck'sche Reihe 2009.

Heckhausen, Jutta/Heckhausen, Heinz: Motivation und Handeln, 3. Aufl. Springer 2006.

Hoffmann, Jens/Wondrak, Isabel (Hrsg.): Amok und zielgerichtete Gewalt an Schulen. Früherkennung/Risikomanagement/Kriseneinsatz/Nachbetreuung. Verlag für Polizeiwissenschaft 2007.

Hopf, Werner, H./Huber, Günter, L./Weiß, Rudolf, H.: Media Violence And Youth Violence. A 2-Year Longitudinal Study. Journal of Media Psychology 2008; Vol. 20 (3): 79–96.

Hurrelmann, Klaus/Bründel, Heidrun: Gewalt an Schulen. Pädagogische Antworten auf eine soziale Krise. 2. Aufl. Beltz 2007.

Jannan, Mustafa: Das Anti-Mobbing-Buch. Gewalt an der Schule – vorbeugen, erkennen, handeln. Beltz 2008.

Jefferys-Duden, Karin: Konfliktlösung und Streitschlichtung. Das Sekundarstufen-Programm. 2. Aufl. Beltz 2002.

Jefferys-Duden, Karin: Das Streitschlichter-Programm. Mediatorenausbildung für Schüler/innen der Klassen 3–6. Beltz 2008.

Kaletsch, Christa: Konstruktive Konfliktkultur. Förderprogramm für die Klassen 5 und 6. Beltz 2003.

Karutz, Harald/Lasogga, Frank: Kinder in Notfällen. Psychische Erste Hilfe und Nachsorge. Stumpf + Kossendey 2008.

Kasper, Horst/Heinzelmann-Arnold, Irene: Schülermobbing – Tun wir was dagegen. Smob-Fragebogen mit Anleitung und Auswertungshilfen. Klasse 5–13. AOL im Persen Verlag 2008.

Keller, Gustav: Disziplinmanagement in der Schulklasse. Unterrichtsstörungen vorbeugen – Unterrichtsstörungen bewältigen. Huber 2008.

Knapp, Rudolf/Neubauer, Walter/Wichterich, Heiner: Dicke Luft im Lehrerzimmer. Konfliktmanagement für Schulleitungen. Luchterhand 2004.

Koll, Karsten/Rudolph, Jürgen/Thimme, Hilde: Schock im Schulalltag! Handlungspläne für Krisensituationen. AOL 2005.

Korte, Jochen: Erziehungspartnerschaft Eltern-Schule. Von der Elternarbeit zur Elternpädagogik. Beltz 2008.

Kreter, Gabriele: Jetzt reicht's. Schüler brauchen Erziehung. Was die neuen Kinder nicht mehr können – und was in Schule zu tun ist. Kallmeyer 2002.

Kreter, Gabriele: Rote Karte für Nervensägen. Wie Schüler zu Unterrichtsstörern werden und was Eltern und Schule gemeinsam dagegen tun können. Klett Kallmeyer 2007.

Landeskriminalamt Niedersachsen (Hrsg.): Zielgerichtete Gewalt und Amokläufe an Schulen. Informationsschrift/Handout zu Phänomenologie und Prävention 2009.
http://cdl.niedersachsen.de/blob/images/C54305088_L20.pdf.

Lanig, Jonas: Gegen Chaos und Disziplinschwierigkeiten. Eigenverantwortung in der Klasse fördern. Verlag an der Ruhr 2004.

Lohmann, Gert: Mit Schülern klarkommen. Professioneller Umgang mit Unterrichtsstörungen und Disziplinkonflikten. Cornelsen 2003.

Lübbert, Monika: Amok. Der Lauf der Männlichkeit. Verlag für Polizeiwissenschaft 2002.

Müller, Ute E. C.: Schule – Konflikte – Mediation. Zwei Trainingsprogramme zu Streitschlichtung und Lebenskompetenzförderung an Schulen. Emwe-Verlag 2001.

Nevermann, Christiane/Reicher, Hannelore: Depressionen im Kindes- und Jugendalter. Erkennen – Verstehen – Helfen. 2. akt. und erw. Aufl., Beck'sche reihe 2009.

Nolting, Hans-Peter: Störungen in der Schulklasse. Ein Leitfaden zur Vorbeugung und Konfliktlösung. 6. überarb. und erw. Auflage. Beltz 2007.

Ohlendorf, Mita: Schulschiedsstellen: Schüler setzen Grenzen. Ein Projekt des Ministeriums für Schule und Weiterbildung NRW. In: Schul-

Verwaltung spezial. Zeitschrift für Schulleitung und Schulaufsicht. 10. Jg., 4, S. 26–27, 2008.

Olweus, Dan: Gewalt in der Schule. Was Lehrer und Eltern wissen sollten und tun können. 4. Aufl. Huber 2006.

Paseka, Angelika: Der Arbeitsplatz Schule aus Sicht von Berufsanfänger/innen. In: Journal für Schulentwicklung, 9, Heft 2, 46–52, 2005.

Paulus, Peter/Franze, Marco/Schwertner, Kathrin: Mind Matters: Förderung der psychischen Gesundheit in und mit Schulen. 2004.

Philipp, Elmar/Rademacher, Helmolt: Konfliktmanagement im Kollegium. Arbeitsbuch mit Modellen und Methoden. Beltz 2002.

Pöldinger, Walter: Die Abschätzung der Suizidalität. Huber 1968.

Rademacher, Helmolt (Hrsg.): Leitfaden konstruktiver Konfliktbearbeitung und Mediation. Für eine veränderte Konfliktkultur. Wochenschau Verlag 2007.

Redlich, A.: Kooperative Gesprächsführung in der Beratung von Lehrern, Eltern und Erziehern. Bd. 4 der Materialien aus der Arbeitsgruppe Beratung und Training, Fachbereich Psychologie, Universität Hamburg 1992.

Reinbold, Klaus-Jürgen (Hrsg.): Soziale Kompetenz und Gewaltprävention. Berichte aus der Praxis. AGJ-Verlag 2002.

Riedl, Armin/Laubert, Volker: Herausforderung Gewalt. Hrsg.: Zentrale Geschäftsstelle der Polizeilichen Kriminalprävention der Länder und des Bundes 2005.

Ringel, Erwin: Das Leben wegwerfen? Reflexionen über Selbstmord. 3. Aufl. Herder 1986.

Ringel, Erwin: Selbstmordverhütung. Klotz 2004.

Robertz, Frank J.: school shootings. Über die Relevanz der Phantasie für die Begehung von Mehrfachtötungen durch Jugendliche. Verlag für Polizeiwissenschaft 2004.

Robertz, Frank/Wickenhäuser, Ruben: Der Riss in der Tafel. Amoklauf und schwere Gewalt in der Schule. Springer 2007.

Sacher, Werner: Elternarbeit. Gestaltungsmöglichkeiten und Grundlagen für alle Schularten. Klinkhardt 2008.

Sachs, Josef: Umgang mit Drohungen. Von Telefonterror bis Amoklauf. orell füssli 2009.

Schaarschmidt, Uwe: Halbtagsjobber? Psychische Beanspruchung im Lehrerberuf – Analyse eines veränderungsbedürftigen Zustandes. Beltz 2005.

Schaarschmidt, Uwe/Kieschke, Ulf: Gerüstet für den Schulalltag. Psychologische Unterstützungsangebote für Lehrerinnen und Lehrer. Beltz 2007.
Scheithauer, Herbert/Bondü, Rebecca: Amoklauf. Wissen was stimmt. Herder 2008.
Schiffer, Eckhard: Wie Gesundheit entsteht. Salutogenese: Schatzsuche statt Fehlerfahndung. Beltz 2001.
Singer, Kurt: Die Schulkatastrophe. Schüler brauchen Lernfreude statt Furcht, Zwang und Auslese. Beltz 2009.
Singer, Wolf: Ein neues Menschenbild? Suhrkamp 2003.
Sonneck, Gernot: Krisenintervention und Suizidverhütung. UTB 2000.
Sprague, Jeffrey/Walker, Hill: Safe and Healthy Schools. Practical Prevention Strategies. Guilford Press 2005.
Standop, Julia: Werte-Erziehung. Einführung in die wichtigsten Konzepte der Werteerziehung. Beltz 2005.

Elterntrainings:
Das Triple P Elternarbeitsbuch. Der Ratgeber zur positiven Erziehung mit praktischen Übungen von Markie-Dadds, Carol/Sanders, Matthew R./Turner, Karen M. T. PAG Verlag für Psychotherapie 2004.
Starke Kinder brauchen starke Eltern von Honkanen-Schoberth, Paula: Der Elternkurs des Deutschen Kinderschutzbundes 2003.

Präventionsprogramm für die Schule:
MindMatters von Paulus, Peter/Franze, Marco/Schwertner, Kathrin: Förderung der psychischen Gesundheit in und mit Schulen. Lüneburg 2004.

Notfallpläne der Bundesländer:
Baden-Württemberg: »Rahmenkrisenplan«. Hrsg.: Innenministerium und Ministerium für Kultus, Jugend und Sport 2006.
Baden-Württemberg: Handreichung für Lehrkräfte und Erzieher/Innen: »Vom Umgang mit Trauer in der Schule«. Hrsg. Ministerium für Kultus, Jugend und Sport 2008.
Bayern: »Wenn der Notfall eintritt« Handbuch für den Umgang mit Tod und anderen Krisen in der Schule. Hrsg.: Evangelisch-Lutherische Kirche und Katholisches Schulkommissariat in Bayern 2006.

Bayern: »Hilfen zur Krisenintervention an Schulen in Bayern«. Handreichung auf der Grundlage der Erfahrungen des Kriseninterventions- und -bewältigungsteams der Bayrischen Schulpsychologen, KIBBS o. J.

Berlin: »Notfallpläne für die Berliner Schulen: Hinsehen und Handeln«. Hrsg.: Senatsverwaltung für Bildung, Jugend und Sport Berlin 2005.

Hamburg: Krisenordner. Handlungsleitfaden für Hamburger Schulen. Hrsg.: Landesinstitut für Lehrerbildung und Schulentwicklung. Beratungsstelle Gewaltprävention 2008.

Hessen: »Handeln in Krisensituationen. Ein Leitfaden für Schulen«. Hrsg.: Hessisches Kultusministerium Wiesbaden 2007.

Nordrhein-Westfalen: »Notfallpläne für die Schulen in Nordrhein-Westfalen. Hinsehen und Handeln«. Hrsg.: Ministerium für Schule und Weiterbildung des Landes Nordrhein-Westfalen Düsseldorf 2007.

Rheinland-Pfalz: »Eine Handreichung für den Umgang mit Krisensituationen an Schulen«. Hrsg.: Ministerium für Bildung, Wissenschaft, Jugend und Kultur Mainz 2007.

Thüringen: »Umgang mit Krisen und Notfällen an Schulen. Checklisten, Arbeitsmaterialien, Arbeitshilfen«. Hrsg.: Thüringer Institut für Lehrerbildung, Lehrplanentwicklung und Medien (Thillm) 2002.

Zur Autorin

Dr. Heidrun Bründel war zunächst Lehrerin für die Fächer Französisch und Geschichte, bevor sie nach Genf zu dem Entwicklungspsychologen Jean Piaget ging, um Psychologie zu studieren. Sie promovierte in Bielefeld bei dem Sozialwissenschaftler und Bildungsforscher Klaus Hurrelmann. Von 1980 bis 2009 war sie als Diplom-Psychologin in der Bildungs- und Schulberatung des Kreises Gütersloh tätig. Zahlreiche Publikationen zu Schuleingangsdiagnostik, Kindheits-, Suizid- und Gewaltforschung.